TAROT

Suki Ferguson

Illustriert von

Ana Novaes

PRESTEL

München · London · New York

Die Originalausgabe erschien 2022 unter dem Titel *Young Oracle Tarot*
bei Wide Eyed Editions, einem Imprint der Quarto Group, UK.

Ein Unternehmen der Penguin Random House Verlagsgruppe GmbH
Neumarkter Straße 28 · 81673 München

Übersetzt aus dem Englischen von Martina Walter

Projektmanagement: Constanze Holler
Lektorat: booklab GmbH
Herstellung: Susanne Hermann
Satz: booklab GmbH
Druckerei und Bindung: 1010 Printing International Ltd, Guangdong, China

Bei diesem Buch wurden die durch das verwendete Material und die Produktion entstandenen CO_2-Emissionen ausgeglichen, indem der Prestel Verlag ein Projekt zur Aufforstung in Brasilien unterstützt.
Weitere Informationen zu dem Projekt unter:
www.ClimatePartner.com/14044-1912-1001

Penguin Random House Verlagsgruppe FSC® N001967

ISBN 978-3-7913-7545-8

www.prestel-junior.de

INHALT

WILLKOMMEN IN DER WELT DES TAROTS

Viele Rätsel umgeben diese fremdartigen, aber zugleich schönen Karten. Woher kommen sie? Sind sie harmlos oder gefährlich? Und können sie die Zukunft zeigen?

Bei manchen Menschen wecken die Karten Angst und Misstrauen. Wer jedoch offen und neugierig damit umgeht, wird reich belohnt. Wenn du Tarot mit dem Herzen praktizierst, kannst du an innerer Stärke gewinnen, deine Selbsterkenntnis erweitern und deine Beziehungen verbessern.

Komm mit auf eine Reise durch die Welt des Tarots. Sieh dir an, wie es sich über die Jahrhunderte vom mittelalterlichen Kartenspiel zu einer angesagten Heilmethode entwickelt hat. Anhand des Rider-Waite-Tarots lernst du die Bedeutung der Karten und Symbole kennen. Du wirst lernen, die Karten für dich und für andere zu legen und daraus Weisheiten und Erkenntnisse zu gewinnen.

Bist du bereit? Dann lass uns beginnen …

DEFINITIONEN

Nützliche Begriffe:

Arkan
geheim oder verborgen; nur wenige verstehen es

Esoterisch
wie oben; geheim und kaum bekannt

Ikonografie
Vermittlung von Botschaften durch Bilder und Symbole

Intuition
Dinge mittels Gefühl und nicht mit dem Verstand erfassen

Große Arkana
Die 22 Trümpfe im Tarot, die für wichtige Lebensabschnitte stehen

Kleine Arkana
Die vier Farben des Tarotdecks, die für kurzfristigere Erfahrungen und Gefühle stehen

Okkult
Beschreibung für magische Kräfte oder übernatürliche Phänomene

Orakel
Im Altertum Priester*innen, die mit der spirituellen Welt kommunizieren, magische Symbole deuten und Wahrheitssuchenden bei ihren Entscheidungen helfen konnten

Fragende
Personen, die in den Karten eine Antwort suchen. Das bist du selbst oder andere, für die du die Karten auslegst

Legesystem
Muster, nach dem die Tarotkarten ausgelegt werden

Das Unbewusste
Der Teil der Psyche, der Verhalten und Gefühle unterschwellig beeinflusst

WAS IST TAROT?

Tarot ist ein Freund all jener, die seine Geheimnisse kennen. Finde heraus, wie ein einfaches Kartenspiel dein Coach, deine Vertrauensperson und dein Ratgeber werden kann.

Tarotkarten sind spezielle Spielkarten, die man aber nicht legt, um zu gewinnen: Du sollst sie deuten oder interpretieren. Sie können dir helfen, Probleme zu lösen und Entscheidungen zu fällen, indem sie bewusste und unbewusste Gedanken und Gefühle wie ein Spiegel reflektieren. In diesem Teil des Buches erforschen wir, wie Tarot funktioniert, wo seine historischen Wurzeln liegen und wie man es heute verwendet.

WIE FUNKTIONIERT TAROT?

Du kannst mit einer ganz einfachen Methode herausfinden, wie Tarot funktioniert – dafür brauchst du nur eine Münze.

Du kannst eine beliebige Münze wählen. Nimm sie in die Hand und überlege dir eine beliebige Ja-/Nein-Frage, etwa: *„Will ich morgen meine*n Freund*in treffen?“* Kopf heißt ja, Zahl heißt nein. Konzentriere dich auf die Frage und wirf die Münze. Die obenliegende Seite gibt dir deine Antwort.

Wie fühlst du dich? Vielleicht enttäuscht dich die Antwort der Münze. Oder du bist glücklich darüber. Egal, was du empfindest, die Münze hat deine Frage beantwortet.

Die Münze ist aber nur eine Münze. Sie weiß nicht, wie du denkst oder wie dein Herzenswunsch aussieht.

Was du als Nächstes tust, ist ebenfalls dir überlassen – die Münze ist nur eine Aufforderung, kein Befehl. Aber selbst wenn du sie wirfst, ist etwas Wichtiges passiert: Es zeigt dir, wie du dich fühlst.

Und ebenso kann dir Tarot helfen, dir über deine Gefühle klarzuwerden.

Das ist deine Intuition – die Summe deiner Erfahrungen, Empfindungen und Gefühle. Intuition ist ein wirkungsvoller Ratgeber, den du jederzeit abrufen und nutzen kannst, um komplexe Entscheidungen zu prüfen. Manchmal wirkt eine Vorgehensweise verlockend oder scheint erwartet zu werden. Aber stimmt dabei auch dein Bauchgefühl?

Intuition ist das Herzstück von Tarot. Vielleicht überrascht es dich, dass das Legen der Karten weder deine Zukunft noch dein Schicksal voraussagt. Aber es hilft, unbewusste Gefühle und dein Bauchgefühl ans Licht zu bringen.

Du stellst den Karten Fragen, und sie zeigen dir Möglichkeiten auf. Die Antworten aber gibt dir deine Intuition. Anders als eine Münze ist eine Tarotkarte vielschichtig. Sie enthält Symbole, Farben und Bilder, die erforscht werden können.

Diese vielen Ebenen verstehen zu lernen, ist ein Entwicklungsprozess. Es gibt einerseits die allgemein anerkannte Bedeutung der Karte und dann deine persönliche Interpretation. Diese basiert auf den Informationen, die du zu der Karte hast, und auf deinen Erfahrungen.

Auch die Art, wie du die Karten deutest, entwickelt sich mit der Zeit. Selbst innerhalb von Tagen können sich deine Gefühle gegenüber einer bestimmten Karte stark verändern, weil sich deine Lebensumstände geändert haben.

Du stellst dem Tarot Fragen. Doch die wichtigste Frage stellen dir die Karten selbst: *Wie fühlst du dich dabei?*

GESCHICHTE DES TAROTS

Obwohl sie nur lückenhaft dokumentiert ist, lässt sich die Geschichte des Tarots durch die Jahrhunderte verfolgen. Seine Entwicklung ist faszinierend: vom geselligen Kartenspiel des Adels zum Selbsterforschungs-Tool, das in der ganzen Welt beliebt ist. Und diese Entwicklung ist noch nicht zu Ende. Man kann nur erahnen, wie Tarot in der Zukunft genutzt werden wird!

14. Jh., Nordafrika & Türkei

Im Reich der islamischen Mamluken Nordafrikas tauchen edel mit Münzen, Kelchen, Schwertern und Poloschlägern bemalte Spielkarten auf. Allmählich gelangen sie bis nach Italien und von dort aus in den Rest Europas.

9. Jh., China

Aus dieser Zeit sind Spielkarten in Holzschnitt-Drucktechnik überliefert. In den kommenden Jahrhunderten verbreiten sie sich über Indien und den Nahen Osten immer weiter nach Westen.

1463 Italien

Ein reicher italienischer Adeliger lässt einen Künstler 22 Spielkarten entwerfen. Sie beinhalten Konzepte wie „Der Narr“ und „Die Welt“. Dieses Visconti-Sforza-Tarot gilt als erstes überliefertes Tarotdeck.

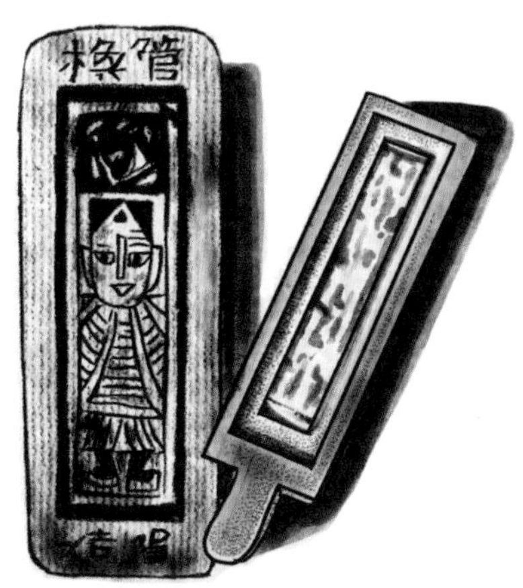

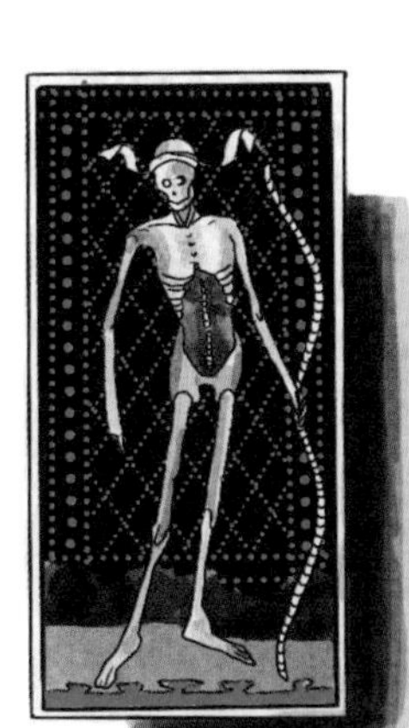

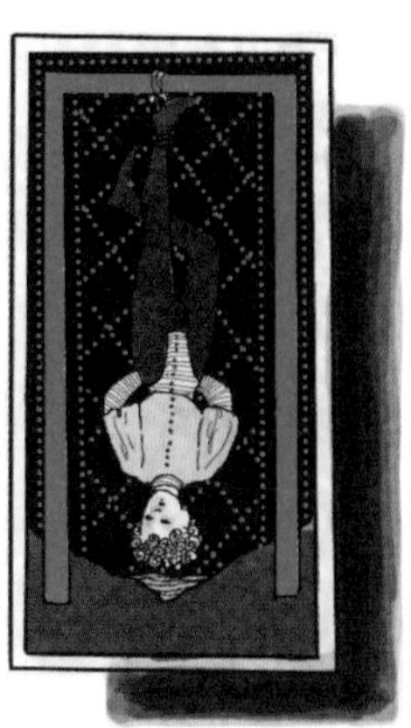

1650, Frankreich

In Frankreich entsteht das Tarot de Marseille. Mit seinen bunten Bildern, die durch die Holzschnitt-Drucktechnik leicht vervielfältigt werden konnten, wird es bei Okkultist*innen beliebt.

1785, Frankreich

Der Franzose Etteila verfasst als erster professioneller Tarot-Deutender eine Anleitung für das Tarot. Damit macht er es als Wahrsage-Instrument populär.

Ca. 1480, Europa

In Frankreich entstehen Spielkarten für die breite Masse, mit Farben, die wir heute als Kreuz, Karo, Herz und Pik kennen. Reiche italienische Familien geben goldverzierte Tarotdecks in Auftrag, für Gesellschaftsspiele und zur Unterhaltung: als Inspiration zum Dichten und zur Selbsterkenntnis.

1781, Frankreich

Der Okkultist Antoine Court de Gébelin schreibt über Tarot und behauptet, es hätte mystische Wurzeln im alten Ägypten. Diese Theorie gefällt britischen und französischen Okkultist*innen und die esoterische Dimension des Tarots wächst.

19. Jh., England

Übernatürliches und Mystisches begeistert die viktorianische Gesellschaft. Séancen (Sitzungen, in denen der Kontakt zu den Seelen Toter gesucht wird), Zaubershows, Wahrsagerei und Tarotdeutungen sind überall beliebt.

Erste Hälfte 20. Jh.

Die Gewalt der beiden Weltkriege verschlingt Nationen. Tarot verschwindet aus der Öffentlichkeit.

1910, England

Das Rider-Waite-Tarot erscheint und wird zum neuen Tarotstandard.

1960–1970

Tarot wird in gesellschaftskritischen westlichen Kreisen, die gegen Habgier und Gewalt sind, immer beliebter. Die Karten dienen nicht zum Wahrsagen und für Mystizismus, sondern zur Selbstfindung.

2010–2020

Die sozialen Medien machen es leichter, mehr über Tarot herauszufinden. Weltweit kreieren Künstler*innen Decks mit Abbildungen queerer oder ethnischer Identitäten und indigener Kulturen. Tarot erreicht mehr Personen als je zuvor und wird als eine Form von Fürsorge, zur Beratung und zur Reflexion eingesetzt.

1980–2000

Westliche Künstler*innen entwerfen Tarotdecks, die Feminismus, Göttinnenkult und Naturverehrung thematisieren. Tarot wird in Japan beliebt, wo Künstler*innen Anime- und Manga-Versionen entwickeln. In Indien ist Tarot ein Hit bei Heiratsvermittlern.

Tarot heute

Über die Jahrhunderte ist Tarot immer leichter zugänglich geworden. Bis vor Kurzem war es oft schwer, einen Einstieg zu finden. Tarot zu erlernen hing davon ab, wen man kannte, wo man wohnte und in welchen Kreisen man unterwegs war. Heute kann man online Decks kaufen und sich über Kartenbedeutungen und Legesysteme informieren. Wer Tarot deuten will, hat heute Zugriff auf die Weisheit und Kreativität einer globalen Tarot-Community, die es früher nicht gab.

VERSCHIEDENE TAROTDECKS

Früher war es ziemlich schwer, an Tarotkarten zu kommen oder jemanden zu finden, der sie für einen legte. Heute stehen unzählige Tarotdecks zur Auswahl, die alle Nuancen des Daseins feiern.

Dieses Buch lehrt Tarot anhand der Rider-Waite-Karten. Dieses Deck entstand 1910 und ist aufgrund seiner weiten Verbreitung und Symbolik bei Einsteiger*innen beliebt. Es ist auch das am häufigsten neu interpretierte Deck und die Vorlage für die meisten modernen Karten. Wenn du das Rider-Waite-Tarot sicher deuten kannst, dann gelingt es dir, fast jedes moderne Deck zu interpretieren.

Allerdings zeigen die Karten, wie alle älteren Decks, nur einen kleinen Teil der menschlichen Lebenswirklichkeit. So sind zum Beispiel nur weiße Menschen zu sehen. Die Symbole beziehen sich meist auf das Christen- und Judentum oder auf antike Mythen. Die Geschlechterrollen auf Karten wie „Der Herrscher" und „Die Liebenden" entsprechen überholten Vorstellungen von Macht und Liebe.

Moderne Decks sind inklusiver und spiegeln eine differenziertere Gesellschaft wider. Sie bilden verschiedene Glaubensrichtungen, Kulturen, Mythen und Ideale ab. Daher solltest du dich ruhig auch an andere Decks wagen, obwohl das Rider-Waite-Tarot für den Einstieg ideal ist. Wähle das Deck aus, das dich anspricht!

Interessante Neuheiten

Wirf einen Blick auf ein paar der vielen Tarotdecks, unter denen Deutende heute wählen können.

Modern Witch Tarot

Eine moderne Variante des Rider-Waite-Tarots, in der Frauenfiguren im Vordergrund stehen.

Wild Unknown Tarot

Ein dunkel gehaltenes, modernes Deck mit wilden Wesen aus der Sagenwelt.

Goddess Tarot

Ein Deck, das die heiligen Frauen vieler weltweiter Glaubensrichtungen abbildet.

Neo Tarot

Ein Deck in klaren Farben, als körper- und genderneutrale Neuinterpretation des Rider-Waite-Designs.

Gestalte deine eigenen Karten! Skizziere deine Versionen der Karten und entwirf ein Deck, das zu der Welt passt, von der du träumst. Lass deine eigenen Visionen bestimmen, wie du es benutzt und interpretierst. Deine Kreativität macht dich zum Teil der jahrhundertealten Tradition, die diese magischen Karten immer wieder neu erfindet.

Pamela Colman Smith

Die Illustrationen des Rider-Waite-Decks sind weltweit bekannt und wurden zum Synonym für Tarot. Bilder wie „Die Sonne" tauchen in der ganzen Popkultur auf, von Filmen bis zur Mode.

Die Künstlerin, die sie entwarf, hieß Pamela Colman Smith. Freund*innen nannten sie Pixie und man beschrieb sie einmal als „Nichte einer Hexe und Schwester einer Fee"! Pixie kam 1878 als Kind amerikanischer Eltern zur Welt und lebte als Jugendliche in Jamaika und New York. Mit 21 Jahren ließ sie sich in London nieder und arbeitete als Theatermacherin, Märchenerzählerin und Illustratorin.

Als Freundin führender Frauenrechtler*innen gestaltete Pixie kostenlos Plakate für die Frauenwahlrechts-Bewegung und veröffentlichte Geschichten von Schriftstellerinnen zu einer Zeit, in der dies als sehr subversiv galt. 1910 entwarf sie das Design für alle 78 Karten des Rider-Waite-Tarot, das bis heute ein Riesenerfolg ist.

Trotz der Beliebtheit dieses Decks bekam Pixie nur wenig für ihre Arbeit, und mit der Zeit wurde ihr Stil unmodern. Lange nach ihrem Tod entdeckte in den 1970er-Jahren eine neue Generation von Tarot-Fans Pixies Arbeit neu. Heute wird sie als inspirierte Illustratorin gefeiert, deren Talent dazu beitrug, Tarot in die ganze Welt zu tragen.

TAROT ALS WERKZEUG

Tarot zu legen, ist Kunst und Handwerk zugleich. Wenn du es lernst, tust du etwas für deine geistige Gesundheit, kannst anderen helfen und Veränderungen besser in Gang bringen oder auch einfach nur Spaß mit dem Kartenspiel haben.

Tarot & Spiel

Ursprünglich war Tarot einfach ein Kartenspiel! Die Schönheit der Karten inspiriert uns. Sie lassen uns unsere Geheimnisse aussprechen, von neuen Möglichkeiten schwärmen und über die Dramen unseres Lebens lachen.

Tarot & Entscheidungsfindung

Wenn du unsicher bist oder dich wie in einer Sackgasse fühlst, kann ein Drei-Karten-Tarot (Problem-Ursache-Lösung) schnell Klarheit bringen (siehe S. 77). Selbst eine einzelne Tageskarte wirft neues Licht auf eine unklare Situation (siehe S. 76). Tarot ermöglicht es dir, deine Zwickmühlen zu erkennen und Optionen abzuwägen. Wenn du das nächste Mal unsicher bist, kann dir dein Deck helfen, deine Intuition anzuzapfen und eine Lösung zu finden.

Tarot & geistiges Wohlbefinden

Manchmal kann das Leben wirklich anstrengend sein. Dinge, die früher Spaß gemacht haben, werden öde. Familie und Freund*innen tun verstörende Dinge. Wir enttäuschen sogar uns selbst. In Momenten der Krise oder Traurigkeit ist Tarot für dich da, egal was passiert. Du brauchst nur deine Karten. Beim Legen kannst du Gefühle reflektieren und Trost finden. Und wenn du für andere liebevoll und vertraulich die Karten legst, kannst du auch ihnen Trost spenden.

Tarot & Aktivismus

Die Menschheit sieht sich heute vielen Problemen gegenüber, wie zum Beispiel mangelnde Fürsorge, zu wenig Umweltbewusstsein und Habgier. Diese globalen Sorgen können sich im Kleinen auch in unserem Leben zeigen. Um sie zu ändern, müssen wir jedoch erst mit unserer inneren Kraft in Verbindung treten.

Tarot hilft dir, die eigenen Fehler und Stärken zu sehen und deine Reaktion auf Herausforderungen kennenzulernen. Wirst du wütend, läufst du weg oder gibst du auf? Wenn du dich selbst verstehst, kannst du auch deine Kraft besser nutzen und Probleme mit Kreativität angehen.

Wenn es das nächste Mal knifflig wird und Handeln gefordert ist, wie beim Umgang mit Ressourcen und überholten Ansichten, frage die Karten: „Was soll ich tun?" Das kann dir helfen, eine Lösung zu erkennen, die sich für dich richtig anfühlt.

DIE TAROTKARTEN

Ein Tarotdeck kennenzulernen, ist ein aufregender Prozess. Auf allen 78 Karten gibt es Symbole, Farben und Stimmungen, die um Aufmerksamkeit bitten. Auf den nächsten Seiten lernst du sie und ihre Bedeutungen kennen.

Sei nett zu deinen Karten! Bewahre sie in einer speziellen Schachtel oder in ein Stück Seidenstoff eingeschlagen auf. Wenn du sie sorgsam behandelst, werden sie dir lange Zeit gute Dienste leisten und für dich da sein – in Momenten der Neugier, des Selbstzweifels, der Verwirrung und der Vorfreude.

AUFBAU DES TAROTDECKS

Entdecke die verschiedenen Teile eines typischen Tarotdecks

Große Arkana

Diese ersten 22 Karten mit den Nummern 0 bis 21 des Decks gibt es nur im Tarot. Man nennt sie „Die Großen Arkana". Sie sehen geheimnisvoll aus und stecken voller Bedeutungen. Jede steht für ein wichtiges Kapitel im Leben – auch wenn sich deine Gefühle gegenüber den einzelnen Karten so oft ändern können wie deine Lebensumstände!

Sie spiegeln Gefühle wider, die unser Leben formen können: Kummer, Hoffnung, Freude, Verwirrung, Angst, Liebe und mehr.

Die Karten zeigen Gestalten, die mächtige Rollen verkörpern, die uns möglicherweise beeinflussen, wie Mutter (Die Herrscherin), Vater (Der Herrscher) und Lehrer (Der Hierophant).

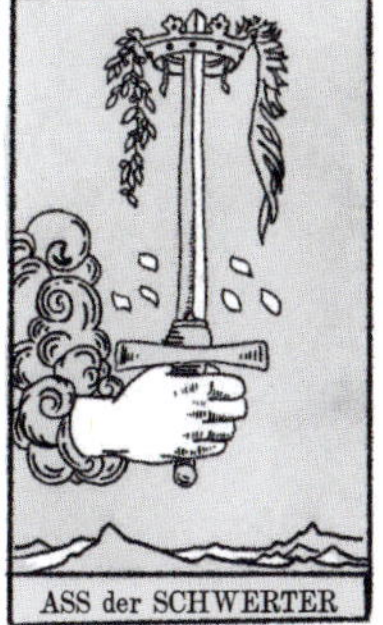

Kleine Arkana

Neben den Großen Arkana gibt es die Kleinen Arkana. Sie umfassen 56 Karten, aufgeteilt auf die vier Farben des Decks, und bilden ein breites Spektrum von Erfahrungen und Gefühlen ab.

In einer Deutung können die Kleinen Arkana genauso einflussreich sein wie die Karten der Großen Arkana, doch sie sind an spezifischere Umstände gebunden, wie Arbeit oder Lernen. Die Kleinen Arkana beschreiben die kurzfristigen Stimmungen und kleineren Wechsel des Lebens.

Die vier Farben

Die Kleinen Arkana sind wie normale Spielkarten in vier Farben unterteilt. Jede enthält ein Ass, eine Königin und einen König. Dazu gesellt sich noch ein Ritter und als vierte Hofkarte ein junger Bube. Beim Auslegen repräsentieren diese Karten oft Personen unseres Lebens.

Jede der vier Farben hat einen unterschiedlichen Fokus. Die Schwerter (S. 54–61) stehen für Denken, Vernunft und Entscheidungsfindung. Ihr Element ist Luft. Die Münzen (S. 62–69) – auch als Pentakel oder Scheiben bekannt – haben mit Sicherheit, Reichtum und Umsetzbarkeit zu tun. Zu ihnen gehört das Element Erde. Die Kelche (S. 38–45) repräsentieren Intuition, Gefühl und Fluidität. Ihr Element ist Wasser. Die Stäbe (S. 46–53), die für Projekte, Energie und Arbeit stehen, sind mit dem Element Feuer verknüpft.

BEDEUTUNG DER SYMBOLE

Tarotkarten stecken voller visueller Hinweise. Sie zu deuten, erinnert oft an ein Puzzle. Jedes Deck hat eigene Symbole, die man entschlüsseln kann. Schauen wir uns nun einige der Symbole an, die im Rider-Waite-Tarot auftauchen. Welche weiteren Symbole kannst du in deinen eigenen Karten sehen?

Wasser

Wasser verändert sich ständig – manchmal ist es ruhig, manchmal bildet es Strudel. Es nährt das Leben und ist dennoch von Natur aus wild. Es repräsentiert Gefühle. Im Tarot zeigt es sich unterschiedlich – als Regen, Teich, Fluss und Meer, oft kombiniert mit Kelchen.

Vögel

In Legenden gelten Vögel auf der ganzen Welt als Boten der Götter. Im Tarot symbolisieren sie Göttlichkeit, je nach Vogelart mit leicht unterschiedlicher Bedeutung. Auf der Karte „Der Stern" steht der Ibis als Vogel des altägyptischen Gottes Thot für Wiedergeburt und Erkenntnis. Im Ass der Kelche segnet eine weiße Taube, das Friedenssymbol, das Bild. Die Schwerter zeigen fliegende Vögel: ein Symbol für Freiheit.

Schmetterlinge

Schmetterlinge sind Luftwesen, sie tauchen im Rider-Waite-Tarot bei den Schwertern auf und stehen für Verwandlung: Sie können nicht in jedem Stadium ihrer Entwicklung zum Schmetterling fliegen – aber es ist ihre Bestimmung, das zu tun.

Wohnstätten

Die Hütten, Dörfer und Schlösser des Rider-Waite-Tarots stehen für das Zuhause und die Gemeinschaft, egal ob prächtig oder bescheiden. Sie sind ein Ziel für Reisende und ein Ort für Freundschaft, Familie und Alltag. Eine Wohnstatt lädt zur Frage ein: „Was bedeutet Gemeinschaft gerade für mich?"

Berge

Berge stehen für Kampf und Streben, denn sie zu erklimmen, bedeutet Herausforderung, Risiko und Entschlossenheit. Berge auf einer Karte können auch eine Aufforderung dazu sein, die Alltagssorgen hinter sich zu lassen und sich der spirituellen Seite des Lebens zu öffnen.

Wetter & Tageszeit

Siehst du ruhige Meere oder Sturmwolken? Dämmerlicht oder Dunkelheit? Das Wetter beeinflusst uns. Wir kauern uns nieder bei kaltem Wind und schwitzen in der Sonne. Die Bilder des Tarots nutzen diese Kräfte.

Farben

Die meisten Decks verstärken die Bedeutung einer Karte durch Farbe. Im Rider-Waite-Tarot haben Karten, die mit Zufriedenheit, Komfort und Reichtum assoziiert sind, strahlende, warme Farben. Kältere Farbtöne transportieren ernstere Botschaften. Sieh dir am Ende einer Deutung alle Farben an: Zeigen die gelegten Karten viele Gelb- und Neutraltöne, bedeutet das Ermutigung. Sind es dunklere Töne, können sie für eine kniffligere Situation stehen.

Körpersprache

Wenn Karten eine oder mehrere Personen abbilden, kannst du von ihrer Körpersprache viel lernen. Sehen sie dich scheinbar direkt an – wenn ja, wirken sie glücklich, freundlich oder ernst? Oder sehen sie weg oder verstecken sogar ihr Gesicht? Vielleicht sind sie in etwas vertieft – eventuell sollte auch unsere eigene Aufmerksamkeit dorthin gelenkt werden.

Bekleidung

Die Kleidung einer Person im Tarot ist nie zufällig. Trägt sie eine Rüstung, symbolisiert das Bereitschaft für den Kampf. Ist sie nackt, zeigt sie Verletzlichkeit und eine Offenheit gegenüber dem, was die Welt bringen mag. Fließende Gewänder stehen für Komfort und Glück. Lumpen sind ein Zeichen für Not. Sieh dir auch Muster auf der Kleidung genau an – sie können Symbole enthalten, die deine Interpretation vertiefen.

Maßstab, Größe & Detail

Auf manchen Karten ist der Mittelpunkt groß, offensichtlich und unübersehbar. Auf anderen tummeln sich viele Menschen oder Symbole. Wirkt die Szenerie intensiv, sanft oder verschlungen? Es ist oft nicht schlecht, Maßstab und Größe der Kartenelemente anzusehen. Was hältst du von der Einfachheit oder Komplexität des Bildes?

UMGEKEHRTE KARTEN

Tarotkarten, die mit dem Kopf nach unten aufgedeckt werden, nennt man umgekehrt. Tauchen sie beim Auslegen auf, heißt das, ihre Energie ist blockiert oder auf irgendeine Weise verdreht.

Wenn du zum Beispiel die Sonne umgekehrt ziehst, kann das bedeuten, dass du dich lustlos, müde oder unsicher fühlst. Oder vielleicht erscheint die Zehn der Schwerter auf dem Kopf. Das würde auf ein ernstes Thema hindeuten, das du noch nicht bedacht hast und das du erkunden und loslassen musst, um weiterzukommen.

Umgekehrte Karten kannst du nutzen, um deine Interpretationen mit neuen Bedeutungsebenen zu erweitern. Damit die Karten sich beim Mischen umdrehen, häufst du sie mit dem Bild nach unten lose auf und mischst sie mit den Händen wild durcheinander. Forme dann wieder einen ordentlichen Stapel. Wenn du die Karten jetzt legst, werden manche davon umgekehrt sein.

Nicht alle, aber viele Deutende arbeiten mit umgekehrten Karten. Experimentiere damit und beobachte, wie dies deine Deutungen weiterbringt.

DIE GROßEN ARKANA

Die Großen Arkana sind eine aus 22 Karten bestehende Gruppe, die als Herzstück des Tarotdecks gilt. Jede Karte steht für wichtige Kapitel im Leben eines Menschen. Wenn du in einer Deutung eine von ihnen ziehst, solltest du ihr in deiner Interpretation besonderes Augenmerk schenken. Wenn eine Legung mehrere davon enthält, halte inne und betrachte dein Leben als Ganzes. Welche großen Veränderungen kommen vielleicht auf dich zu?

Ziehe die Großen Arkana aus dem Stapel und lege sie vor dich, von der 0 (Der Narr) bis zur 21 (Die Welt). Lege sie in einer Reihe aus und beobachte, welche Gefühle die Bilder in dir auslösen.

Die Großen Arkana erzählen eine Geschichte: die Reise des Narren. Du kannst sie am besten verstehen, wenn du die Karten im Kreis auslegst. Die 0 liegt oben, die anderen Karten bis 21 folgen im Uhrzeigersinn. Wenn wir als „Der Narr" durch den Kreis reisen, bewegen wir uns durch Phasen des Lebens: Wir erlernen Regeln, suchen Führung und Weisheit, erleben Rückschläge, genießen Glück und erreichen letztendlich einen Platz der Zugehörigkeit.

In jeder dieser Lebensphasen lernen wir etwas und verändern uns. Die wahre Natur des Lebens zeigt sich, wenn wir die Großen Arkana als Kreis legen. Und wenn alles gut geht, werden wir „die Reise des Narren" mehrmals im Leben machen.

0. Der Narr

Neubeginn ☾ Unschuld

✳ Vertrauen

Der Narr steht für Sorglosigkeit und Verletzlichkeit. Eine junge Person wandert durch die Natur, den Blick zum Himmel gerichtet. Sie trägt nur wenig bei sich und ist nicht für eine schwierige Reise ausgerüstet. Ein kleiner Hund springt fröhlich nebenher. Tatsächlich könnte sie ihr nächster Schritt in einen Abgrund stürzen – würde sie sich davon erholen? Die Sonne scheint jedoch weiter über ihr und sie hat Vertrauen in ihren Weg. Hier geht es darum, sich auf die Welt und auf Unvorhersehbares einzulassen. Du probierst etwas Neues aus, trotz der Risiken und einfach nur zum Spaß.

1. Der Magier

Macht ✳ Können

Bereitschaft

Der Magier steht an einem Tisch, auf dem Kelch, Schwert, Stab und Münze liegen. Sie stehen für die Farben des Tarot und deren symbolische Bedeutungen: Gefühl, Denken, Aktion und Machbarkeit. Der Magier hat alles zur Hand, doch hat er es nicht eilig, das zu nutzen – er handelt, wenn die Zeit reif ist. Beim Deuten lädt dich diese Karte ein, den Dingen Beachtung zu schenken, in denen du gut bist – nicht nur den Büchern. Schule deine praktischen Talente und gewinne an Weisheit, während du sie für deine Ziele einsetzt. Welche Werkzeuge liegen auf deinem Tisch?

Die HOHEPRIESTERIN

2. Die Hohepriesterin

Geheimnis ◓ Erkenntnis
✴ Intuition

Die Hohepriesterin bewacht als Orakel und Seherin die Unterwelt. Wie der Mond, die Gezeiten und die Jahreszeiten symbolisiert sie den veränderlichen Aspekt der Natur und des Menschen. Manchmal glänzen wir, manchmal verblassen wir. Sie steht für Ruhe, Stille und die magische Kraft unseres Unbewussten. Diese Karte regt dazu an, durch Frieden und Ruhe unsere intuitive Weisheit zu spüren. Welche neuen Einsichten tauchen auf, wenn wir uns still hinsetzen, tief durchatmen und nachdenken?

Die HERRSCHERIN

3. Die Herrscherin

Vergnügen ✴ Freude
✺ Lebenspenden

Die Herrscherin sitzt inmitten goldener Ähren auf einem Thron, der das Symbol der griechischen Liebesgöttin Venus trägt. Sie ist voller Liebe und fühlt das Leben mit ihren Sinnen und ihrem Verstand. Wen sie trifft, den umarmt sie liebevoll. Sie liebt ihr eigenes Leben und kann daher auch andere lieben. In einer Deutung kann sie mütterliche Energie einbringen. Die Herrscherin erinnert uns daran, dass wir Teil des Wunders der Natur sind, dass wir liebenswert sind und mehr als genügen – wir sind reich und können Freude empfinden.

Der HERRSCHER

4. Der Herrscher

Tradition ✶ Ordnung
☾ Kontrolle

Der Herrscher sitzt auf einem Thron mit Widderköpfen und trägt einen königlichen Umhang über seiner Rüstung. Er steht für Selbstbestimmung und Verantwortung. Können wir Versuchungen widerstehen und richtig handeln, auch wenn es nicht leicht ist? Können wir geplante Projekte durch Disziplin verwirklichen? Der Herrscher lädt dazu ein, eine strenge, aber väterliche Gestalt zu visualisieren. Er erinnert uns daran, dass es Seelenfrieden bringt und man reich belohnt wird, wenn man fair spielt.

Der HIEROPHANT

5. Der Hierophant

Lehren ✶ Lernen
☼ Übereinstimmung

Das Wort „Hierophant" bedeutet im Griechischen „Enthüller der heiligen Geheimnisse". Der Hierophant sitzt, wie Der Herrscher und Die Herrscherin, auf einem Thron. Seine Macht hat jedoch weniger mit Geheimnissen oder Kontrolle zu tun; er ist ein Lehrer, dessen Weisheit sich seine Anhänger*innen gern beugen. Zwei davon sitzen zu seinen Füßen. Der Hierophant steht für den Erwerb von Wissen durch Schule oder einen religiösen Text. Diese Karte zeigt, dass Konventionen wichtig sind – der Lehrer redet, damit die Schüler lernen.

6. Die Liebenden

Echte Liebe • Gleichheit • Einigkeit

Die Liebenden sind nackt. Ein Engel segnet sie, die Sonne scheint. Im Rider-Waite-Tarot sind es Mann und Frau, aber modernere Decks zeigen immer häufiger Illustrationen, die queere Liebe anerkennen und feiern. Ziehst du diese Karte, kann dies romantische Liebe bedeuten, aber auch, dass du Freude an einer Person hast oder dass ihr euch trotz eurer Verschiedenheit zusammentut. Beide Partner müssen sich wirklich wertschätzen, damit eine Beziehung harmonisch ist. Liebe ist nie einseitig. Diese Karte fordert uns auf, Liebe wertzuschätzen, die in beide Richtungen geht.

7. Der Wagen

Entschlossenheit • Beständigkeit • Anfang

Der Wagenlenker ist für den Kampf gekleidet und steht fest in einem Wagen, der von einer schwarzen und einer weißen Sphinx gezogen wird. Er nimmt es mit allem und jedem auf und vereint gegensätzliche Kräfte, während er voller Zuversicht voranfährt. Der Wagen lädt dich dazu ein, deine Ziele entschlossen zu verfolgen. Erkenne deine Stärken, schiebe Zweifel beiseite und akzeptiere, dass es nicht einfach werden wird. Beiß die Zähne zusammen – und fang an! Überwinde Hindernisse mit Beharrlichkeit und bleibe auf Kurs.

8. Kraft

Mut ☾ Selbsterkenntnis ✶ Einfluss

Eine Gestalt beugt sich über einen Löwen und hält ruhig seinen Kopf in ihren Händen. Hier geht es nicht um körperliche Kraft oder geistigen Wettstreit. Diese Karte feiert etwas, das vielleicht nicht gleich offensichtlich ist: innere Kraft. Sieh dir an, wovor du am meisten Angst hast oder Scham empfindest – und gehe damit liebevoll um. Bei der Kraft-Karte geht es darum, unsere Instinkte und Triebe zu zähmen und sie ohne Scham zu leben. Diese Power ermöglicht es auch den anderen, sich frei zu entfalten.

9. Der Eremit

Einkehr ✶ Innere Vision ✺ Alleinsein

Der Eremit steht in einer verschneiten Landschaft und beleuchtet seinen Weg mit einer Laterne. Mit geschlossenen Augen steht er ganz still. Er symbolisiert den weisen Weg der inneren Einkehr und lädt dazu ein, das Alleinsein zu wählen, um klar zu sehen. Wer immer in Gesellschaft und beschäftigt ist, vergisst schnell die Dinge, die ihm wichtig sind. Der Eremit ist allein, aber nicht einsam. Das unterscheidet ihn von ähnlich aussehenden Karten wie der Fünf der Kelche, die Einsamkeit als Quelle von Schmerz darstellen.

10. Rad des Schicksals

Glück ◓ Möglichkeiten ✷ Schicksal

Diese Karte steckt voller faszinierender Symbole, hat aber eine einfache Botschaft: Der Zufall kann das Leben zum Besseren wenden. Die Welt verändert sich ständig und wir alle erleben die seltenen Momente, in denen wir zur richtigen Zeit am richtigen Ort sind. Man kann sie nicht planen, aber darauf vorbereitet sein. Manchmal ist das Schicksal aber auch gegen uns und was passieren soll, passiert. Diese Karte lädt dazu ein, die größeren Mächte, die das Leben formen, zu respektieren und offen für alles zu sein, was kommen mag.

11. Gerechtigkeit

Fairness ✷ Entscheidungsfindung ✺ Verantwortung

Justitia zeigt uns ein Schwert als Symbol für die Vernunft und eine Waage zum Abwägen gegensätzlicher Dinge. Mit ihrem direkten Blick und vor der beeindruckenden Kulisse steht sie dafür, Verantwortung zu übernehmen: Nimm Entscheidungen ernst und achte gegenüber anderen auf Fairness. Auch kann diese Karte uns daran erinnern, die Folgen unseres Tuns zu akzeptieren. Sie fragt: Gibst du dein Bestes? Entscheidest du richtig? Ist sie ausgelegt, bedeutet diese Karte, dass es dir gut tun wird, ehrlich und selbstkritisch zu sein.

12. Der Gehängte

Loslassen ✴ Geduld

☾ Gelassenheit

Der Gehängte zeigt eine entspannt wirkende Person, die mit dem Kopf nach unten an einem Kreuz hängt. Ihr Heiligenschein deutet auf Erleuchtung hin. Bei dieser Karte geht es ums Loslassen. Manchmal ist es richtig, alles, was in deiner Macht steht, zu tun, um Dinge zu ändern. Bisweilen ist es aber besser, nicht weiterzukämpfen und einfach loszulassen. Oft befreit es, eine nicht perfekte, neue Situation zu akzeptieren oder etwas aufzugeben, das dir am Herzen liegt. Mit Gelassenheit kannst du die Dinge in einem anderen Licht sehen.

13. Tod

Wandel ☼ Ende

✴ Einsicht

Ein Skelett auf einem Schimmel hält ein Siegesbanner in der Hand. Menschen geraten unter die Hufe des Pferdes. Wenn diese Karte aufliegt, geht es selten direkt um den Tod. Sie erinnert uns eher daran, dass alles einmal zu Ende geht: Freundschaften, Liebesgeschichten oder eine Lebensphase. Diese Karte bejaht den Schmerz, der damit einhergeht. Wir verarbeiten Verluste am besten, wenn wir sie akzeptieren und daran denken, dass etwas Neues kommen wird. Schau auf die Sonne, die am fernen Horizont aufgeht und einen neuen Tag ankündigt.

14. Mäßigkeit

Gesundheit ☾ Gleichgewicht ✶ Maßhalten

Ein Engel schüttet Wasser von einem Kelch in einen anderen. Ein Fuß steht im Wasser und symbolisiert Gefühle. Der andere steht fest auf dem Boden und symbolisiert praktische Bedürfnisse. Diese Karte fordert uns dazu auf, im Leben nach Gleichgewicht zu suchen. Erinnere dich an eine Zeit, in der du dich rundum wohlgefühlt hast. Du hast vielleicht gut geschlafen, gut gegessen und alles war perfekt für dich und deine Liebsten. Hier gibt es keine Extreme – es geht darum, die kleinen Dinge zu schätzen, die uns erhalten.

15. Der Teufel

Verlangen ✶ Schwäche ✹ Ausgrenzung

Der Teufel hockt über einem Paar – vielleicht Die Liebenden. Sie liegen in Ketten und sind ihm unterworfen. Im Tarot steht diese Karte für das Gefühl der Machtlosigkeit. Vielleicht fühlst du dich unter Druck, dich anzupassen und Ideale zu verraten. Vielleicht machen dich kurzlebige Erfolge innerlich leer. Vielleicht verbrauchst du Energie für Oberflächlichkeiten. Das, was dich beschäftigt, hinterlässt ein schlechtes Gefühl in dir. Diese Karte soll dir sagen, dass diese Situation zum Menschsein dazugehört. Wenn du ein Problem anerkennst, kannst du es lösen.

16. Der Turm

Zerstörung ☾ Schock ✶ Veränderung

Der Turm zeigt eine vom Blitz getroffene Festung. Gekrönte Gestalten stürzen von den Mauern. Der Turm symbolisiert die Gewissheit, mit der wir denken, dass die Dinge immer bleiben, wie sie sind. Der Blitz schlägt ein und erschüttert den Turm. Das zeigt uns, dass nichts sicher ist und wir unfertig sind. Behauptungen wie „Ich bin gut in Naturwissenschaften, aber nicht witzig", können stimmen, aber vielleicht nicht für immer. Ein Schock kann alte Denkmuster umstoßen. Diese Karte fordert dazu auf, neue Facetten und Möglichkeiten in dir zu entdecken und auszuprobieren.

17. Der Stern

Hoffnung ✶ Beruhigung ✺ Erneuerung

Die Frau auf der Karte schüttet Wasser auf den Boden und in einen See. Der Sternenhimmel leuchtet über ihr, und sie fühlt sich in ihrem Körper vollkommen wohl. Wenn du müde, traurig und niedergeschlagen bist, spendet dir Der Stern Trost und sagt: „Du bist in Ordnung." Wenn du diese Karte legst, lädt sie dich ein, dich mit dem zu verbinden, was Hoffnung in dir weckt. Wenn du lustlos und genervt bist, mach etwas, das du gern tust – es wird dir helfen, deinen inneren Funken zu beleben. Stell dir das wie eine Quelle vor, die dem Land und dir das Leben zurückbringt.

18. Der Mond

Verwirrung ✷ Fantasie ✷ Selbstbetrug

Die Nacht kommt und lässt die Welt fremd erscheinen. Hund und Wolf heulen den Mond an. Ein Flusskrebs verlässt sein Zuhause. Diese Karte beschwört die dunkle, chaotische Seite unserer Fantasie herauf. Manchmal schlafen wir nicht aus Sorge um etwas, das nie eintreten wird, oder haben real wirkende Albträume. Manchmal verstärken wir Ängste, indem wir sie für uns behalten oder uns ihnen bewusst aussetzen. Der Mond erinnert uns daran, dass uns Angst anzieht, doch dass es uns besser geht, wenn wir uns auf unsere Träume und Ziele fokussieren.

19. Die Sonne

Zuversicht ✷ Glück ✷ Erfolg

Die Sonne scheint auf Sonnenblumen und ein Pferd hinab, auf dem ein Kind sitzt. Es strahlt Freude aus und begrüßt das Leben vorbehaltlos und ohne Scheu. Diese Karte sagt uns, dass wir echtes Vertrauen haben sollen. Manchmal läuft alles perfekt. Verwirrungen und Ängste fallen von uns ab und wir können all das sein, das wir zu sein hoffen. In solchen Momenten strahlen wir. Die Sonne lädt dich ein, deine Lebendigkeit zu genießen, an deine Fähigkeiten zu glauben und dem Guten zu vertrauen, das dir begegnet.

20. Gericht

Entscheidungsfindung ✶ Vergebung ☾ Wiedergeburt

Der Ruf eines Engels erweckt Menschen aus einem todesähnlichen Zustand. Sie blicken ehrfürchtig nach oben. Die Karte zeigt die christliche Symbolik der Auferstehung und des Jüngsten Gerichts. Bei ihr kann es darum gehen, eine wichtige Entscheidung zu treffen. Wenn du dich für etwas berufen fühlst, dann vertraue darauf! Deine Zielstrebigkeit wird dir helfen, die Situation zu meistern. Das Gericht kann auch dazu auffordern, Dinge in Ordnung zu bringen. Hast du Gefühle verletzt, mach Zugeständnisse, anstatt dich zu verteidigen. Verantwortlichkeit und Versöhnlichkeit erneuern uns und machen uns frei.

21. Die Welt

Ganz-Sein ✺ Genügsamkeit ✶ Zurückgeben

Eine Frau tanzt und ist eins mit dem Universum. Die Welt bedeutet Erfüllung. Du fühlst dich glücklich, weil du dazugehörst. Du hast viel überwunden, um diesen Zustand zu erreichen, und der Weg hat dich erkennen lassen, dass du gesegnet bist. Diese Karte fordert dich dazu auf, das Jetzt und Momente der Harmonie zu genießen und deine Talente zu teilen. Feiere das, was du erreichst hast, geh spielerisch und kreativ damit um, nutze es, um anderen zu helfen. Die Welt braucht dich, und du brauchst die Welt. Durch deine Existenz machst du die Welt zu einem besseren Ort.

DIE KELCHE

Bei dieser Farbe dreht sich alles um Gefühl und Intuition. Die Karten helfen uns zu erforschen, wie tief unsere Gefühle sind und wie wir damit umgehen. Sie fragen, ob wir darauf achten, wie es uns geht und wie andere sich fühlen. Dafür spiegeln sie unsere spirituelle Seite wider, die uns das Wunder und das Geheimnis des Lebens fühlen lässt.

Symbolik

Die Karten dieser Farbe bilden oft Wasser ab, das im Tarot Gefühle symbolisiert, weil Wasser genau wie Emotionen wechselhaft ist, unvorhersehbar und erfrischend. Kelche sind ideal, um diese Wasser-Gefühle aufzunehmen. Stehen sie aufrecht, zeigt das, dass deine Gefühle gut aufgehoben sind. Liegen sie auf der Seite, ist dir vielleicht ein gutes Gefühl verloren gegangen. Auch in anderer Form hat Wasser hier Bedeutung, wie der Fluss auf der Fünf der Kelche, der Kummer symbolisiert. Berührt das Wasser auf einer Karte eine Person, wie bei der Königin der Kelche, deutet das an, dass du Zugang zu deinen Gefühlen hast.

Die Kelche ziehen

Ziehe alle Karten der Kelche aus deinem Deck und reihe sie vom Ass bis zum König auf. Welche Gefühle lösen sie in dir aus? Diese Farbe enthält viele freudvolle Momente, aber auch Augenblicke des Verlusts.

Ass der Kelche

Gefühle ausdrücken ☾
Empathie ✷ Neue Liebe

Ein Kelch läuft über. Er ist von einer Taube, dem Friedenssymbol, gesegnet. Das Ass der Kelche lädt dich ein, dir deine Gefühle bewusst zu machen und dich auszudrücken – vielleicht auf kreative Art und Weise. Als Karte für Anfänge kann es bedeuten, dass in deinem Leben die Liebe keimt. Vielleicht erblüht bald eine neue Freundschaft oder Romanze. Dieses Ass erinnert uns auch daran, dass sich wahre Intimität am besten entwickelt, wenn wir liebevoll, neugierig und vertrauensvoll miteinander umgehen.

Zwei der Kelche

Zusammenarbeit ✷
Versöhnung ✹ Anziehung

Zwei Personen stehen sich gegenüber, jede trägt einen Kelch. Die zwei passen als Paar gut zusammen. Sie sind vornehm gekleidet, haben fast die gleiche Körperhaltung. Die Zwei der Kelche zeigt eine Partnerschaft, bei der zwei Personen eng miteinander verbunden sind: vielleicht als Verliebte, Arbeitspartner*innen oder Freund*innen. In einer Deutung können sie Versöhnung oder Einigung symbolisieren. Diese Karte kann dich auch auffordern zuzugeben, dass dich jemand zunehmend anzieht. Gibt es jemanden, dem du nahe sein möchtest?

Drei der Kelche

Freundschaft ☾ *Spaß*
✴ *Gemeinschaft*

Drei Personen erheben ihre Kelche zu einem feierlichen Trinkspruch. Früchte umgeben sie, und auf vielen Decks tanzen sie miteinander. Die Drei der Kelche feiert gute Zeiten und gute Laune. Sie erinnert uns, dass es nicht nur ein Genuss ist, seine Seelenverwandten gefunden zu haben – die Freund*innen, die uns wirklich verstehen –, sondern auch lebensspendend! Diese Karte kann eine Aufforderung sein, auf Gleichgesinnte zuzugehen. Wenn du Menschen findest, die auf deiner Wellenlänge sind, solltest du sie wertschätzen.

Vier der Kelche

Rückzug ✴ *Langeweile*
✹ *Abschalten*

Eine junge Person sitzt in Gedanken versunken unter einem Baum. Sie scheint den Kelch, den man ihr reicht, nicht zu bemerken. Die Vier der Kelche deutet an, dass du dich ein wenig festgefahren fühlst und nach Inspiration suchst – aber noch nicht richtig bereit dafür bist. Die Karte zeigt, dass wir uns alle von Zeit zu Zeit gelangweilt oder überfordert fühlen. Es ist in Ordnung, neue Chancen gelegentlich vorübergehen zu lassen. Wir können nicht immer für alle Möglichkeiten offen sein.

Fünf der Kelche

Enttäuschung ✶
Einsamkeit ☾ *Hoffnung*

Eine gebeugte Gestalt in einem schwarzen Umhang steht allein da, den Blick auf drei umgeworfene Kelche gerichtet. Die Fünf der Kelche drückt Kummer über einen Verlust aus, über den du nur schwer hinwegkommst. Obwohl es vorbei ist, bist du immer noch enttäuscht und einsam. Wenn du dich umschaust, hellt sich das Bild jedoch auf. Zwei aufrechte Kelche symbolisieren glücklichere Gefühle, die gesehen werden wollen. Ein Fluss liegt zwischen der Person und einer Stadt, doch gibt es eine Brücke dorthin. Diese Karte erinnert dich daran, dass du Gesellschaft und Trost finden wirst, wenn du sie suchst.

Sechs der Kelche

Glück ✺ *Rückschau*
✶ *Unschuld*

Die Sechs der Kelche zeigt Kinder, die Blumen in einen Kelch pflücken und ihren Duft genießen. Sie spielen in einem Hof, geschützt vor der Welt. Diese Karte lädt dazu ein, an freudige Erlebnisse zu denken, besonders nach einer schweren Zeit. Wenn wir gestresst sind oder mit einer Sache kämpfen, vergessen wir oft, wie es ist, spielerisch und neugierig zu sein und die Schönheit der Welt zu bewundern. Gute Erinnerungen zeigen uns, dass wir das Leben auch genießen können. Die Sechs der Kelche schlägt vor, mit ihrer Hilfe den Weg zurück zum Glück zu finden.

Sieben der Kelche

Vorstellungskraft ☽ Fantasie ✳ Zerstreuung

Jemand blickt gebannt auf tanzende Kelche. Sie scheinen Geschenke und Visionen zu versprechen, von Juwelen und Schlössern bis zu Geistern und Drachen. Bei der Sieben der Kelche dreht sich alles um Tagträume: Den Gedanken freien Lauf zu lassen befreit und kann uns neue Welten zeigen. In unserer Fantasie können wir alles erreichen. Diese Dinge umzusetzen ist jedoch schwer und nicht alles kann wahr werden. Taucht diese Karte auf, nimm dir kurz Zeit, um deine Ziele von Tagträumen zu trennen.

Acht der Kelche

Aufbrechen ✳ Zurückziehen ✺ Weiterziehen

Eine Person wandert in der Nacht fort von den aufrecht stehenden Kelchen. Sie scheint bewusst fortzugehen und hat ähnlich wie Der Eremit einen Stab dabei. Die Acht der Kelche lädt uns dazu ein, die Geselligkeit der Kelche hintenan zu stellen und uns in tieferer Selbsterkenntnis zu üben. Vielleicht willst du Freund*innen oder ein Team verlassen. Es ist in Ordnung, den Trubel auch einmal hinter sich zu lassen, um sich auszuruhen und nachzudenken. Nutze die Zeit des Alleinseins, um zu reflektieren, was du aus deinen Erfahrungen gelernt hast.

Neun der Kelche

Zufriedenheit ☾ Entspannung ✷ Luxus genießen

Die Neun der Kelche zeigt eine zufriedene Person inmitten ihrer Kelche. Sie ist reich gekleidet und lächelt. Vielleicht hat sie gut gegessen, etwas gewonnen oder gute Neuigkeiten bekommen. Oder all dies gleichzeitig! Die Karte lädt dich ein, dich an deinen Erfolgen zu erfreuen. Doch sie warnt auch: Selbstgefälligkeit oder Angeberei kann anderen wehtun, die sich schwer tun. Nichtsdestotrotz fordert dich diese Karte auf, dein Glück zu würdigen, wenn es eintrifft. Schütze und genieße es!

Zehn der Kelche

Freude ✷ Zusammensein ✹ Familie

Ein Regenbogen spannt sich über eine Familie und eine grüne Landschaft. Die Kinder spielen und genießen den Moment, die Eltern erfreuen sich eng umschlungen an der Szene. Dies ist eine der strahlendsten Karten im Tarot. Sie erinnert uns daran, dankbar für glückliche Momente und familiäre Anlässe zu sein. Wenn alles wirklich gut läuft, merken wir, dass wir uns von Herzen friedvoll fühlen. Wir sind dann in der Lage, Differenzen zu überwinden, uns für Fehler zu vergeben und Familienbande zu schätzen.

BUBE der KELCHE

Bube der Kelche

Fantasie ☾ *Vertrauen*
✶ *Lernen*

Der Bube steht in jeder Farbe für „Lernen" – bei den Kelchen versucht er eifrig, seine Gefühle zu verstehen. Und es gibt viel zu verstehen: Was macht zum Beispiel der Fisch in seinem Kelch? Er steht für das Unbekannte, für neue Möglichkeiten und Gefühle. Der Bube der Kelche reagiert mit spielerischer Neugierde. In einer Deutung könnte er eine junge oder vertrauensvolle Person darstellen: ein*e Freund*in, ein Geschwisterteil oder eine Person, die dich bewundert oder die du bewunderst. Der Bube der Kelche lädt dich ein, seine Offenheit zu nutzen und neue Erfahrungen zuzulassen.

Ritter der Kelche

Sensibilität ✶ *Selbstausdruck*
☀ *Unzuverlässigkeit*

Jeder Ritter offenbart die Extreme seiner Farbe. Der Ritter der Kelche ist ein echter, herzgeleiteter Romantiker. Er hat feine Gefühle, doch kann ihn das auch reizbar machen. Er ist attraktiv und fantasievoll – aber auch schnell enttäuscht vom wirklichen Leben. Auf einer Party würde er es bemerken, wenn du dich peinlich berührt fühlst, und dich beruhigen, aber er würde nicht daran denken, die Sache hinterher zu klären. Diese Karte kann für jemanden stehen, den du magst, oder deine Gewohnheiten spiegeln und dich erinnern, dass es gut ist, Kopf und Herz in der Waage zu halten.

RITTER der KELCHE

Königin der Kelche

Emotionale Intelligenz ✶ Kreativität ☾ Mitgefühl

Diese nachdenkliche Königin fühlt sich in stürmischen Gewässern wohl. Sie versteht Gefühle auf einer fast übersinnlichen Ebene und spürt großen Schmerz und große Freude, bei anderen wie bei sich selbst. Sie ist kreativ und liebt alle künstlerischen Formen des Selbstausdrucks. Für sie ist die Natur heilig und sie empfindet tiefes Mitgefühl. Sie hört zu und versteht es, Wut und Verzweiflung mit Liebe zu begegnen. Diese Karte kann eine Person deines Leben repräsentieren oder dazu inspirieren, dem Pfad der Empathie zu folgen.

KÖNIGIN der KELCHE

KÖNIG der KELCHE

König der Kelche

Diplomatisch ✺ Warm ✶ Kultiviert

Der König der Kelche ist eine sanfte Person, deren Gerechtigkeitssinn den schlimmsten Streit schlichten kann. An ihn kannst du dich wenden, wenn du guten Rat suchst. Er ist mit Menschen aus allen Bereichen befreundet und schätzt Kunst in all ihren Formen. Der König der Kelche sucht kreative Aufgaben und findet darin einen Sinn. Er ist aufgeschlossen, sich seiner Gefühle bewusst und schämt sich nicht, sie zu zeigen. Ausgelegt kann er dir als Vorbild dienen oder dich an eine Person in deinem Leben erinnern.

DIE STÄBE

Bei der Farbe der Stäbe dreht sich alles um Energie! Diese Karten helfen, unsere Fähigkeiten und unsere Kreativität zu erforschen. Was weckt dein Interesse? Welche Aktivitäten befeuern dich? Die Stäbe stehen für Arbeit, Spiel und Inspiration.

Symbolik

Die Stäbe haben eine Verbindung zum Feuer – die goldenen Gewänder des Königs, des Ritters und des Buben zeigen alle den Salamander, der dem Mythos nach unbeschadet durch Flammen gehen kann. Im Tarot bedeutet Feuer Energie. Auch sie hilft uns, kann allerdings verlöschen oder zu viel werden. Beim Deuten hilft es, jeden Stab, den eine Person hält, als ein Projekt, eine Aufgabe oder ein Ziel zu verstehen: Ist es nur einer, bist du vielleicht unterfordert. Sind es zehn, bist du womöglich überfordert. Die Stäbe stehen außerdem für Wachstum. Aus ihnen sprießen Blätter, und sie sind ein uraltes Symbol für Fruchtbarkeit. Von allen Farben haben die Stäbe am meisten Bezug zu unserer Kreativität. Jeder Mensch kann auf seine Art und Weise etwas tun und schaffen. Die Stäbe ermutigen dich dazu, deiner Leidenschaft und deinen Aktivitäten mit ganzem Herzen nachzugehen.

Die Stäbe ziehen

Ziehe alle Karten der Stäbe aus deinem Deck und reihe sie vom Ass bis zum König auf. Welche Gefühle lösen sie in dir aus? Diese Farbe enthält viele Momente des Handelns, aber auch des Kämpfens.

Ass der Stäbe

Energie ☾ Kühnheit ✳ Bereitschaft

Die Stäbe stehen für Aktion, und das Ziehen von Stäbe-Ass ist wie eine Welle reiner Energie. Hier kannst du sehen, dass der Stab selbst etwas Lebendiges ist, an dem grüne Blätter knospen. Ergreife ihn, als wäre die Hand auf der Karte deine eigene, und begrüße Wachstum und die Möglichkeiten des Lebens. Vielleicht zögerst du noch, aber diese Karte ist ein Trumpf: Sie sagt: „Fang an! Es ist Zeit, die Dinge in die Hand zu nehmen." Stelle dich neuen Herausforderungen mit Zuversicht!

Zwei der Stäbe

Selbstvertrauen ✳ Kraft ✺ Zielstrebigkeit

Ein Edelmann hält in einer Hand die Welt, in der anderen einen Stab. Große Dinge wurden vollbracht – die Person weiß um ihre Macht und das, was sie damit vollbringen kann. Vielleicht ist sie sogar gelangweilt und sucht neue Herausforderungen. Wenn sie gelegt wird, lädt die Zwei der Kelche dich ein, dich sicher zu fühlen. Du hast deine Sache gut gemacht – sieh dich um und genieße die Aussicht. Diese Karte fordert dich außerdem auf, erfinderisch zu sein und dich neuen Aufgaben zu widmen, die zu deinen zukünftigen Erfolgen werden.

Drei der Stäbe

Vision ◓ Erforschung ✴ Führung

Eine Gestalt blickt auf das Meer hinaus, in der Ferne segeln Schiffe. Unter ihrem Gewand trägt sie eine Rüstung. Sie ist bereit, Risiken einzugehen. Die beiden Stäbe hinter ihr stehen für weitere unentdeckte Möglichkeiten, die es zu ergreifen gilt. Die Drei der Stäbe empfiehlt, im praktischen Sinn vorbereitet zu sein, aber auch Weitblick zu haben. Was kommt auf dich zu? Sie ermutigt dich, deine Komfortzone zu verlassen und dich auf neue Abenteuer einzulassen. Sie erinnert daran, dass die Bereitschaft, Neues auszuprobieren, oft zu spannenden Entdeckungen führt.

Vier der Stäbe

Feiern ✴ Gemeinschaft ✺ Freude

Ein Fest ist im Gange, über die Grenzen der Stadtmauern hinaus. Die Stimmung ist entspannt und fröhlich. Blumengirlanden schmücken den Raum. Diese Karte erinnert an Feiern, Partys, Hochzeiten und Familienfeste – besondere Momente, bei denen Menschen aus freudigen Anlässen zusammenkommen und sich als spontane Gruppe jenseits der Alltagsroutine treffen. Frei von Einschränkungen zu sein, ist ein Thema dieser Karte. Solche Momente gehen schnell vorbei – die Vier der Stäbe lädt dich dazu ein loszulassen, den Tag zu genießen und zu jubeln!

Fünf der Stäbe

Wettkampf ✶ Diskussion
☾ Zusammenarbeit

Fünf Gestalten rangeln sich – oder ist es ein Spiel? Die Fünf der Stäbe appelliert an deinen Wettbewerbsgeist und erinnert dich daran, dass du dich deinen Rivalen stellst. Sie kann aber auch bedeuten, dass du dich ärgerst und deinen Platz in einer Gruppe erkämpfen musst. Vielleicht geht eine Teamleistung schief, niemand hört zu, und es kommt zum Streit. Diese Karte fordert dazu auf, diesem Konflikt positiv gestimmt zu begegnen. Ärger gehört zur Teamarbeit. Die Frage ist, welche Folgen der Streit hat und welche Rolle du dabei einnehmen willst.

Sechs der Stäbe

Triumph ☼ Anerkennung
✶ Freude

Die Sechs der Stäbe ist vor allem eine Siegeskarte. Der Kampf ist vorbei, der Wettbewerb wurde gewonnen. Eine Person reitet in einem Siegeszug, bekränzt mit Lorbeeren, die für Ruhm stehen. Diese Karte symbolisiert großen Erfolg bei Unternehmungen, insbesondere wenn er lange und schwer erkämpft wurde. Sie deutet darauf hin, dass du Schwierigkeiten überwunden hast und deine Fähigkeiten endlich anerkannt und gelobt werden. Die Sechs der Stäbe warnt aber auch vor Arroganz. Freue dich über Lob, aber lass es dir nicht zu Kopf steigen.

Sieben der Stäbe

Durchsetzungsvermögen ☾ Trotz ✳ Bestimmtheit

Manchmal ist es weise, die Dinge auf sich beruhen zu lassen. Hin und wieder muss man aber auch für sich selbst eintreten. In der Sieben der Stäbe verteidigt sich eine Person. Diese Karte fordert dich dazu auf, deine Überzeugung mutig und unverblümt zu vertreten. Manchmal bringt dich nettes Bitten nicht weiter – bestimmtes, selbstbewusstes Auftreten aber schon. Stell dich auf Widerstand ein; lass dich von deinem Adrenalin mitreißen. Schwierigkeiten direkt anzugehen kann sich lohnen. Und selbst wenn nicht, weißt du, dass du dein Bestes gegeben hast.

Acht der Stäbe

Tempo ✳ Bewegung ✺ Abschluss

In der Acht der Stäbe geht es darum, Tempo zu machen, um etwas abzuschließen. Du steckst mitten im Geschehen, das Leben ist hektisch und aufregend – es fliegt an dir vorbei. Wie die Stäbe auf der Karte wurden Ereignisse angestoßen und fliegen durch die Luft, bis sie mit einem Knall auf der Erde aufschlagen! Diese Karte erinnert daran, wie aufregend es ist, sich inspiriert und mit Energie auf das Fertigstellen einer Aufgabe zu konzentrieren. Sie kann signalisieren, dass du gerade im Flow bist, und ermutigt dich dazu, diese Intensität zu deinem Vorteil zu nutzen.

Neun der Stäbe

Wachsamkeit ☾
Mut ✶ Entschlossenheit

Die Person auf der Neun der Stäbe hat einiges durchgemacht. Mit ihrem Kopfverband blickt sie verbittert auf die Stäbe zurück – sie ist bereit für den nächsten Kampf. Diese Karte erinnert daran, dass Konflikte einen hohen Tribut fordern. Oft sind wir danach empfindlich und angegriffen. Wenn wir durchhalten, kann sich jedoch eine neue Chance bieten. Die Neun der Stäbe lädt dich dazu ein, deine Situation zu bewerten und weiter nach Klärung zu suchen, wenn dir ein Konflikt am Herzen liegt – auch wenn es dir Unbehagen bereitet.

Zehn der Stäbe

Belastung ✶ Kampf
☼ Erschöpfung

Eine Person versucht, einen Packen Stäbe vorwärtszutragen. Weiter vorne ist ein Dorf, wo sie ihre Last ablegen und sich erholen könnte, doch die Stäbe versperren ihr die Sicht darauf. Diese Karte warnt davor, dass der positive Aspekt der Farbe „Stäbe" auch Schwierigkeiten bringen kann: Vielleicht konntest du zu neuen Anforderungen nicht Nein sagen und bist deswegen erschöpft. Deine Energie ist zu knapp und nichts fällt mehr leicht. Gib ein paar Aufgaben ab und widme dich wieder dem, was dir Freude macht.

Bube der Stäbe

Eifer ◒ Lernen
✶ Neugierde

Ein junger Mensch bestaunt den Stab, den er in seinen Händen hält. Konzentriert will er etwas Neues beginnen. Da dies eine Bubenkarte ist – sie heißen auch „Schülerkarten“ –, zeigt sich die Energie der Stäbe hier einfach und unkompliziert. Die Karte lädt dazu ein, etwas Neues zu beginnen und offen für das zu sein, was man dabei lernen kann – ganz nach dem Motto: *„Übung macht den Meister“*. Der Bube der Stäbe kannst du selbst sein oder jemand, den du kennst und der zu einer Situation Kreativität und Enthusiasmus beiträgt.

Ritter der Stäbe

Vertrauen ✶ Charme
✹ Arroganz

Obwohl sein Pferd steigt, bleibt der Ritter zuversichtlich und behält die Kontrolle. Er genießt es, sein Können und seine Tapferkeit zu zeigen. Der Ritter der Stäbe vereint den guten mit dem schlechten Aspekt seiner Farbe. Er ist charismatisch, athletisch und ein Held, den man bewundert. Er kann aber auch rücksichtslos und unzuverlässig sein und die Gefühle anderer mit Füßen treten. Diese Karte kann signalisieren, dass Selbstvertrauen und Taten gefragt sind oder dass wir uns von glamourösen Zeitgenossen nicht entmutigen lassen sollen. Wir alle haben Stärken und Schwächen.

Königin der Stäbe

Vertrauen ✶ Glück

☾ Ermutigung

Umgeben von Sonnenblumen, dem Symbol für Zuversicht, ist die Königin der Stäbe die geborene Anführerin. Entspannt und autoritär strahlt sie Zuversicht aus. Ihre Fröhlichkeit steckt an – sie blickt warmherzig und bringt Leichtigkeit in jede Situation. Sie ist eine aufgeschlossene Person, die sich immer voll engagiert. Ihre schwarze Katze symbolisiert, dass sie ihre dunkle Seite im Griff hat. Diese Karte ermutigt dich, deine Projekte beherzt voranzubringen. Stell dir die Königin der Stäbe als Freundin vor, die dein Potenzial erkennt und sagt: „Alles wird gut!“

KÖNIGIN der STÄBE

KÖNIG der STÄBE

König der Stäbe

Selbstvertrauen ✺ Fähigkeit

✶ Fördern

Der König sitzt wach und aufrecht da und schaut von uns weg. Die Energie der Stäbe bereitet ihn darauf vor, seine Fähigkeiten einzusetzen. Er hat alle Phasen der Kreativität durchlaufen: Er hat sich inspirieren lassen, ist Risiken eingegangen, hat Fehler gemacht und seine Kunst verfeinert. Jetzt kann er sein Bestes geben. Er zeigt uns, dass es Entschlossenheit braucht, um Dinge wirklich gut zu erledigen. Da er ein Anführer ist, inspiriert uns sein Erfolg. Diese Karte kann für einen Mentor stehen, der dir dabei hilft, mit deinen Fähigkeiten zu brillieren.

DIE SCHWERTER

Die Schwerter stehen für die Kraft der Gedanken und des Verstehens. Sie fragen: „Hast du darüber nachgedacht?" Genauso wie der Verstand Probleme lösen kann, klären die Schwerter die Verwirrung oder halten uns darin gefangen. Als Farbe zeigen sie uns den Schmerz und die Klarheit, die mit der Wahrheit einhergehen.

Symbolik

Achte bei den Schwerter-Karten auch auf den Himmel, da dieser Farbe das Element „Luft" zugeordnet ist. Weht der Wind? Er kann das Turbulente unserer Gedanken und ihre Veränderlichkeit darstellen. Siehst du Wolken? Ein bedeckter Himmel oder wirbelnde Wolken zeigen an, dass Klarheit gefragt ist. Ein nach unten zeigendes Schwert symbolisiert, dass du dich von deinen Gedanken schmerzhaft „festgenagelt" fühlst. Ein aufrecht stehendes Schwert zeigt, dass du mit Wissen und Verstand vorgehen willst. Ein liegendes Schwert bedeutet „Nachdenken". Egal wie sie liegen, fordern uns die Karten dieser Farbe dazu auf zu sehen, was hinter unseren Gefühlen steckt.

Die Schwerter ziehen

Ziehe alle Karten der Schwerter aus deinem Deck und reihe sie vom Ass bis zum König auf. Welche Gefühle lösen sie in dir aus? Diese Farbe wühlt vielleicht am meisten auf; hier triffst du auf Verzweiflung und Uneinigkeit. Doch diese dunklen Situationen können uns etwas lehren und enthalten auch aufklärende Momente.

Ass der Schwerter

Wahrheitssuche ☾ Durchbruch ✷ Wahrnehmung

Eine Hand hält ein nach oben zeigendes Schwert, die Klinge ist mit Krone und Girlanden verziert. Die Tröpfchen um das Schwert herum symbolisieren Göttlichkeit und zeigen, dass das Schwert gesegnet ist. Das Ass der Schwerter lädt dazu ein, eine höhere Verständnisebene zu suchen. Manchmal vergessen wir, wie stark unser Verstand sein kann. Diese Karte ermutigt dich, nach Wissen und Wahrheit zu streben. Jetzt ist es Zeit für ein neues, intellektuell forderndes Projekt. Genieße es, neue Dinge zu entdecken!

Zwei der Schwerter

Gleichgewicht ✷ Spannung ☀ Blockade

Eine Person mit Augenbinde hält zwei schwere Schwerter hoch. Um sie herum dämmert es. Sie strahlt Ruhe und Kraft aus. Mit ganzer Kraft versucht sie, die überkreuzten Schwerter schützend vor sich zu halten. Das Wasser hinter ihr symbolisiert Gefühle. Sie ist so sehr darauf konzentriert, ihre Gefühle im Zaum zu halten, auf der Hut zu sein und unparteiisch zu bleiben, dass es sie lähmt. Diese Karte deutet an, dass es an der Zeit ist, verletzlich zu sein und eine Entscheidung zu treffen. So kannst du dich befreien.

Drei der Schwerter

Herzschmerz ◆ Trauer
✶ Verrat

Wolken ziehen auf und es regnet hinter einem Herz, das drei Schwerter durchbohren. Dies ist die Karte, die empfindliche Stellen tief trifft und beim Betrachten schmerzen kann. Der Herzschmerz der Drei der Schwerter kann in einem familiären Konflikt oder Verlust, einem Streit mit Freunden oder in unerwiderten Gefühlen wurzeln. Du fühlst dich verraten und hattest Besseres erwartet. Diese Karte zeigt, dass du dich schmerzhaften Gedanken stellen sollst. Betrachte sie in Ruhe und denke daran, dass sie eines Tages Vergangenheit sein werden.

Vier der Schwerter

Ruhe ✶ Kontemplation
✹ Erholung

Ein Ritter liegt aufgebahrt in einer Kirche. Auf einem Buntglasfenster sieht man eine Person und ein Kind. Der Ritter hat sich aus dem Kampfgeschehen zurückgezogen und liegt absolut still da. Manchmal wird eine lange Pause zu einer Quelle der Kraft. Wenn wir uns aus der Aktivität zurückziehen, bringt das eine neue Sicht auf die Dinge. Die Personen auf dem Fenster symbolisieren das Leben, das uns erwartet, wenn wir aus der Stille zurückkehren. Die Karte erinnert daran, wie wichtig es ist, Pausen zu machen, damit wir uns erholen.

Fünf der Schwerter

Auseinandersetzung ✶
Egoismus ☾ Niederlage

Ein stürmischer Himmel überschattet die Nachwehen eines heftigen Streits. Die Siegerperson hält zwei Schwerter nach oben, eines nach unten. Sie hat den Kampf gewonnen, aber zu welchem Preis? Ihre Gegner wenden sich ab, gebeugt und unglücklich. Zerstört dein Drang zu gewinnen Freundschaften – oder fühlst du dich als Opfer einer Konkurrent*in? Bist du schlecht im Verlieren oder, noch schlimmer, im Gewinnen? Diese Karte fordert dich auf, den Groll abzulegen und daran zu denken, was wirklich zählt.

Sechs der Schwerter

Niedergeschlagenheit ✺
Aufbruch ✶ Heilung

Wie Geflüchtete sitzen eine erwachsene Person und ein Kind in einem Boot. Eine dritte Person führt den Kahn sicher durchs Wasser. In dem Boot stecken sechs Schwerter, die Ängste symbolisieren – ein Teil der Vergangenheit ist an Bord. Wird diese Reise Sicherheit bringen? Wir wissen es nicht, aber ihre Flucht hat begonnen und die ruhige See vor ihnen deutet auf kommenden Frieden hin. Kannst du eine belastende Situation hinter dir lassen? Diese Karte erinnert daran, dass du neue Hoffnung schöpfen kannst, indem du dich vorwärts bewegst.

Sieben der Schwerter

Täuschung ☾ *Unabhängigkeit* ✶ *Gerissenheit*

Eine Person schleicht sich davon, mehrere Schwerter im Arm. Grinsend schaut sie sich um, ob jemand sie aufhalten wird. Zwei Schwerter hat sie zurückgelassen, zu viel für sie. Vielleicht muss die Person der Gruppe am Horizont entkommen – oder will sie sie austricksen? Kurzfristig mag sie gewinnen, aber wird sie von den Folgen eingeholt? Die Sieben der Schwerter könnte deine Aktionen oder die einer dir bekannten Person spiegeln. Sie regt zur Frage an: „Ist es sinnvoll oder egoistisch, seine Absichten zu verbergen?“

Acht der Schwerter

Selbstzweifel ✶ *Hilflosigkeit* ☀ *Feststecken*

Eine Gestalt steht in einem feuchten Tal, gefesselt und die Augen verbunden. Es kommt keine Hilfe. Doch sind die Fesseln locker und die Person könnte sich befreien. Die Schwerter symbolisieren Sorgen, die uns bremsen, Ängste oder schlechte Erinnerungen. Der Glaube der Figur, dass sie machtlos ist, hält sie gefangen. Wenn sie sich befreit, wird sie sehen, dass die Sicherheit ihres Zuhauses ganz nah ist, auf dem Berg hinter ihr. Diese Karte ermutigt dazu, Selbstzweifel zu überwinden und auf sich zu vertrauen.

Neun der Schwerter

Traurigkeit ☾ Verzweiflung ✷ Schlimmstes befürchten

Die Neun der Schwerter zeigt eine Person, die von Albträumen geplagt wird. Sie bezieht sich auf Sorgen und Ängste, die uns nachts wachhalten. Die Karte erinnert daran, dass wir alle dunkle Nächte haben, und sagt uns: *„Du bist nicht allein."* Jeder Mensch durchlebt dies und manchmal müssen wir einfach weinen. Wenn der Morgen kommt, wird es uns besser gehen und alles wird rosiger aussehen. Diese Karte lädt dich ein, in schweren Zeiten nachsichtig mit dir und anderen zu sein.

Zehn der Schwerter

Burnout ✷ Drama ☼ Überreaktion

Unter einer dunklen Wolke liegt eine Person, von zehn Schwertern durchbohrt. Bei näherem Betrachten sieht man, dass die Sonne über der ruhigen See aufgeht und dass die Anzahl der Schwerter übertrieben wirkt. Diese Karte zeigt, wie Stress und Erschöpfung in eine dunkle Abwärtsspirale führen können. Sie deutet aber auch an, dass wir oft das Drama genießen, ungerecht behandelt worden zu sein. Alles ist extrem schlecht! Mir geht es bescheiden! Wenn du diese Karte ziehst, denke daran, dass vieles nicht so schlimm ist, wie es scheint. Das wird schon wieder!

Bube der Schwerter

Bereitschaft ◠ *Neugierde*
✶ *Unwissenheit*

Der junge Bube posiert mit einem Schwert, während Wolken am Himmel vorüberziehen. Buben stehen für die Schüler*in in uns. Hier will er Wissen erwerben und die Wahrheit aufspüren. Eine Suche ist im Gange, aber das ist nur der erste Schritt: Diese Person hat noch nie gekämpft, und die Wolke zeigt, dass sie sich mit ihrer Unwissenheit befassen muss. Erfahrung wird sie vertreiben. Diese Karte lädt dich dazu ein, dich am Anfang bescheiden zu zeigen, um neue Herausforderungen zu meistern.

Ritter der Schwerter

Ungeduld ✶ *Konflikt*
✺ *Enthusiasmus*

Ein Ritter treibt sein Pferd in den Kampf, das Schwert hoch erhoben. Er ist es gewohnt, dass er mit seinem Intellekt Auseinandersetzungen gewinnt. Er ist mit Selbstsicherheit und Tatkraft gesegnet und erfrischend direkt. Und doch: Vielleicht diskutiert er nur, weil er den Streit liebt. Unbedacht eingesetzt, kann sein Schwert wertvolle Beziehungen zerstören. Und seine Gegner stimmen ihm vielleicht nur zu, weil sie müssen oder damit er ruhig ist! Diese Karte stellt eine Frage: Löst Konfrontation ein Problem oder verschlimmert sie es?

Königin der Schwerter

Weisheit ✵ Verständnis
☾ Klares Denken

Die Königin der Schwerter blickt ernst. Sie strahlt die Art von Autorität und Weisheit aus, die von Erfahrung kommt. Sie hat Widrigkeiten erlebt, wurde dadurch geprägt und transformiert, was die Schmetterlinge auf ihrem Thron symbolisieren. Sie hält ihr Schwert als Gerechtigkeitssymbol nach oben. Ihr Kopf ist über den Wolken. Ihre Hand streckt sie in einer Geste der Offenheit aus. Wenn du diese Karte legst, kann sie auf deine eigene Transformation hinweisen oder auf eine vertraute Person, die dir ohne Überheblichkeit bei Problemen hilft.

König der Schwerter

Intellekt ✺ Lernen
✵ Handeln

Der König der Schwerter wirkt luftig. Wie bei der Königin zieren Schmetterlinge seinen Thron; Vögel fliegen neben ihm. Er bewahrt einen kühlen Kopf und hat Freude am Lernen und an Logik. Seine frontale Haltung zeigt, dass er sich den Dingen stellt. Er ist geübt darin, Diskussionen zu gewinnen, schätzt Fakten und kann Recht von Unrecht unterscheiden. Warmherzigkeit ist vielleicht nicht seine Stärke, aber er erinnert daran, dass Wissen Macht ist.

Die Münzen sind die praktischen Karten. In manchen Decks heißen sie Pentakel, symbolisieren aber immer das Thema „Geld“. Dies ist die Farbe, bei der wir über Ressourcen und Sicherheit nachdenken. Diese Karten feiern die Freude an der Arbeit und die Zufriedenheit mit guten Ergebnissen.

Symbolik

Der Farbe der Münzen ist das Element Erde zugeordnet. Auf ihr bauen wir Nahrung an, errichten Häuser und genießen das Leben. Ohne diese Farbe wäre Tarot undenkbar! Wir brauchen die Erdbezogenheit der Münzen. Eine Sitzung, in der viele Münzen-Karten auftauchen, wird den Lohn langsamer, stetiger Bemühungen thematisieren.

Das Symbol der Wurzeln ist hier wichtig: Sie bedeuten, dass man sich zu Hause fühlt und zufrieden ist. Denke an erdige Wortbilder: sich die Hände schmutzig machen, bodenständig sein oder geerdet bleiben. Der Stern auf den Münzen vieler Tarotdecks wird Pentagramm genannt. Es zeigt nach unten, was auf die Notwendigkeit hinweist, in der Erde verwurzelt zu sein.

Die Münzen ziehen

Ziehe alle Karten der Münzen aus deinem Deck und reihe sie vom Ass bis zum König auf. Welche Gefühle lösen sie in dir aus? Diese Farbe des Tarots zeigt Bilder von Reichtum, aber auch Armut.

Ass der Münzen

Stabilität ☾ Schutz
✶ Ermutigung

Das Ass der Münzen deutet darauf hin, dass Wohlstand und Sicherheit in Reichweite sind. Wenn es aufgedeckt ist, wirst du vielleicht mehr Stunden in deinem Nebenjob arbeiten! Dieses goldene Ass, das die ganze Power der Münzen in sich trägt, bestätigt deine Vertrauenswürdigkeit, dein Engagement für gute Arbeit – und deine Fähigkeit, auf dem Weg zum Ziel zu wachsen. Diese Karte bietet auch einen Kontrast: Folge dem kleinen Pfad durch den grünen Torbogen und du erreichst die Berge – eine Erinnerung daran, dass man sich für große Ziele anstrengen muss.

Zwei der Münzen

Fokus ✶ Interesse
✺ Gleichgewicht

Eine tanzende Person jongliert mit zwei Münzen. Hinter ihr befahren Schiffe das Meer. Die Person ist hochkonzentriert und lässt sich nicht ablenken. Die Münzen fliegen in einer unendlichen Achterschleife. Diese könnte ein gleichmäßiger Energiefluss, ein gesundes Gleichgewicht sein. Wenn du diese Karte ziehst, nimm dir Zeit, über dein Handeln nachzudenken: Wie setzt du deine Energie ein? Bist du zu beschäftigt oder gelangweilt? Vielleicht sollest du dir Projekte suchen, die dir die Konzentration und die Zufriedenheit geben, die diese Karte verkörpert.

Drei der Münzen

Teamarbeit ☾ Planung
✴ Leistung

Manche Aufgaben kann man allein erledigen, andere erfordern mehr Planung, Fähigkeiten und Zeit – und somit mehrere Personen. Bei dieser Karte geht es um den Wert von Teamarbeit. Drei Personen arbeiten zusammen – ihre Stimmen und Fähigkeiten sind gleich wertvoll, und der Druck wird zwischen ihnen aufgeteilt. Diese Karte könnte ein Zeichen sein, sich Hilfe zu holen und zusammenzuarbeiten. Hast du ein Gruppenprojekt oder eine Aufgabe, die für dich allein zu viel ist?

Vier der Münzen

Sparen ✴ Horten
✺ Unsicherheit

Eine Person drückt eine Münze fest an ihre Brust. Ihre Füße stehen auf zwei Münzen und eine Münze krönt sie. Sie hält bewusst an ihrem Besitz fest. Diese Karte zeigt, wie Angst uns beherrschen und unseren Materialismus fördern kann. Etwas zu besitzen bedeutet noch lange nicht, dass du glücklich bist. Sieh dir an, wie es die Person lähmt, sich an das zu klammern, was sie schon hat. Diese Karte rät dir, Besitz zu schätzen, ohne dich von ihm bestimmen zu lassen. Nutze ihn und teile ihn mit anderen – Großzügigkeit öffnet dich für das Leben.

Fünf der Münzen

Bedürfnis ✶ Sorge
☾ Enttäuschung

Zwei arme Gestalten stapfen in dunkler Nacht durch den Schnee. Eine von ihnen hat Krücken und ist bandagiert. Sie brauchen Ruhe, Wärme und Fürsorge. Sie gehen an einer Kirche vorbei – aber es gibt keine Tür. Wurden sie abgewiesen? Oder sind sie so daran gewöhnt, aus eigener Kraft zu überleben, dass sie keine Hilfe suchen? Obwohl sie viel brauchen, mussten sie lernen, mit wenig auszukommen. Beim Auslegen kann diese Karte deine Situation oder die von Personen um dich herum spiegeln. Sie kann ein Anstoß sein, um Hilfe zu bitten oder sich um Menschen in Not zu kümmern.

Sechs der Münzen

Macht ✹ Reichtum
✶ Abhängigkeit

Ein Kaufmann schenkt einem Bettler Geld, ein anderer wartet hoffnungsvoll. Beide kauern zu seinen Füßen. Der Kaufmann wägt mit einer Waage ab, wie viel er wem geben soll. Wenn wir kein Geld haben, sind wir abhängig von der Fürsorge der anderen. Manchmal sind daran Bedingungen geknüpft: Tue dies, tue das, sei nicht undankbar. Vielleicht wirst auch du eines Tages diese Haltung einnehmen, wenn deine Taschen voll sind. Die Sechs der Münzen erinnert daran, dass du freizügig und ohne eine Gegenleistung zu erwarten geben sollst, wenn du etwas hast.

Sieben der Münzen

Erfolg ◓ Bilanz ziehen ✷ Leistung

Auf dieser Karte symbolisiert jede Münze eine Aufgabe. Eine junge Person betrachtet sie, bevor sie sich der letzten Aufgabe zu ihren Füßen zuwendet: Sie nimmt sich einen Moment Zeit, um die Zufriedenheit zu genießen, die auf harte Arbeit folgt. Die Sieben der Münzen spiegelt wider, wie gut es tut, auf eine erledigte Arbeit zurückzublicken. Sie erinnert uns daran, Erfolge zu feiern. Wenn du das nächste Mal eine lange To-Do-Liste hast, denke daran, wie zufrieden du sein wirst, wenn du alles abgehakt hast!

Acht der Münzen

Fertigkeit ✷ Konzentration ✺ Bestimmung

Eine junge Person ist über ihre Arbeit gebeugt. Ihre Energie konzentriert sich darauf, die Aufgabe gut zu erledigen. Die Münzen an dem Pfosten stehen für alles, was sie bisher erreicht hat. Die Acht der Münzen ist der Sieben sehr ähnlich, nur ist hier jemand voll im Flow. Hier geht es darum, ein großes Projekt durchzuziehen, bis es fertig ist, oder einen Prozess zu wiederholen, bis man ihn beherrscht. Denke bei dieser Karte an alle Projekte oder Fertigkeiten, an denen du arbeitest, und daran, dass Konzentration und Übung den Meister machen.

Neun der Münzen

Belohnung ☾ Fülle ✷ Überfluss

Eine anmutige Person spaziert durch einen üppigen Garten voller Obst und Münzen. Ihr Leben ist reich und sie hat alles, was sie braucht. Sie trägt einen Falken als Zeichen dafür, dass sie die Kontrolle über ihr Leben hat. Hinter ihr liegt ein Gehöft, aber es geht ihr dort gut, wo sie ist. Wie die Schnecke am Boden ist sie autark. Sie hat viel erreicht und genießt nun den Reichtum und die Unabhängigkeit, die daraus folgen. Diese Karte lädt dich dazu ein, dich an deinen Erfolgen zu erfreuen. Verwöhne dich und genieße den Ertrag – du verdienst es!

Zehn der Münzen

Gemeinschaft ✷ Selbstverständlichkeit ✺ Austausch

Ein Marktplatz zeigt zwei Handelsleute, eine ältere Person, ein spielendes Kind und Hunde. Die Zehn der Münzen feiert den Austausch von Dingen, Geld und Weisheit. Manche Deutungen interpretieren die Personen als Verwandte; andere sehen sie durch Gemeinschaft geeint. Diese Karte zeigt uns das alltägliche Leben in guten Zeiten, in denen das geschäftige Zusammenleben als selbstverständlich angesehen wird. Beim Deuten erinnert dich das vielleicht an die Menschen in deinem Alltag und an die Traditionen, die du geerbt hast und die du pflegst – oder die du ignorierst!

Bube der Münzen

Fleiß ◓ *Bescheidenheit* ✴ *Pragmatismus*

Wie bei allen Buben-Karten ist auch diese junge Person ein Schüler, der seine Farbe besser verstehen will. Bei den Münzen bedeutet dies, sich nützliche Fähigkeiten und eine positive Arbeitshaltung anzueignen. Die Person betrachtet die Pentagramm-Münze mit Neugier, Konzentration und Gelassenheit. Sie weiß, dass Geduld und Anstrengung sie zum Erfolg führen wird. Wenn du das nächste Mal ein Projekt in Angriff nimmst, das dich nicht begeistert, kannst du dich von dem Buben der Münzen sanft inspirieren lassen.

Ritter der Münzen

Vorhersehbarkeit ✴ *Beständigkeit* ✹ *Zuverlässigkeit*

Von allen Ritter-Karten ist der Ritter der Münzen der unauffälligste. Er hält Wache, und seine Ruhe spiegelt sich in seinem Pferd wie in dem Land, das er überblickt. Er ist eher Wächter als Krieger, aber man kann sich auf ihn verlassen. Er ist sogar so zuverlässig, dass er tatsächlich etwas langweilen kann. Das ist ihm egal – ihm geht es darum, die Dinge gut zu machen. Dieser Ritter kann sich auf eine Person in deinem Leben beziehen oder auf deine eigene Herangehensweise an eine Aufgabe. Aufzukreuzen ist eine Hälfte des Kampfes – durchzuhalten die andere.

Königin der Münzen

Findigkeit ✷ Bodenständigkeit ☾ Fürsorglichkeit

Die Königin der Münzen sitzt in einem sonnigen Tal. Rings um sie herum wachsen Reben und Früchte und bilden eine Oase in der sanften Fülle des Herbstes. Das Kaninchen symbolisiert die Energie neuen Lebens. Diese Königin weiß, wie man Möglichkeiten pflegt – sie bringt jede Pflanze zum Wachsen, jede Blume zum Blühen. Als Teil der Münzen ist sie praktisch veranlagt. Sie ist beständig, einfühlsam und kommt mit allem gut klar. Im Tarot erinnert sie daran, dass es tiefe Zufriedenheit bringen kann, seine Fertigkeiten auszuleben.

König der Münzen

Praktische Veranlagung ✺ Kompetenz ✷ Wohlstand

Das Gewand des Königs der Münzen ist mit Früchten und goldenen Blättern geschmückt, die das Gold des Himmels und der Pflanzen um seinen Thron herum aufnehmen. Er ist fast ein Teil der Landschaft. Das passt zu ihm, denn dieser König macht sich gern die Hände schmutzig. Er ist geschickt und genießt es, autodidaktisch zu lernen. Bei ihm geht es oft ums Geldverdienen. Wenn du ihn fragst, ob du erfolgreich sein wirst, würde er dir raten, deine Begabungen zu nutzen.

DAS TAROT LEGEN

Es gibt viele Möglichkeiten, dein wachsendes Wissen über dein Deck in die Praxis umzusetzen. Auf diesen Seiten erfährst du, wie du die Karten mischst, wie du Deutungen für dich und andere durchführst und welche unterschiedlichen Legesysteme du ausprobieren kannst.

SO LEGST DU DIE KARTEN

Es gibt viele Arten, das Tarot zu deuten. Du kannst es zur Selbstbeobachtung nutzen, um dich bei deinen eigenen Entscheidungen zu leiten. Du kannst aber auch andere dabei unterstützen.

Wenn du die Karten für dich oder andere legst, solltest du auf jeden Fall ein paar Dinge beachten:

1. Wähle einen gemütlichen und ruhigen Ort, an dem dich/euch möglichst niemand stört.

2. Vor jedem Auslegen musst du oder der/die Fragende die Karten mischen.

3. Lege die Karten mit dem Gesicht nach unten in einer Reihe aus. Dann ziehe nacheinander nach dem Zufallsprinzip die benötigten Karten. Halte sie verdeckt, bis du beginnst. Wenn du die Karten für andere legst, lass sie die Karten ziehen.

4. Lass dir Zeit. Drehe nur eine Karte auf einmal um. Gib dir oder dem/der Fragenden Zeit, auf die Karte und auf die Gefühle, die sie hervorruft, zu reagieren, bevor ihr mit der nächsten Karte der Auslage weitermacht.

5. Bei einem Drei-Karten-Tarot oder mehr ausgelegten Karten lass das, was du siehst, einen Moment wirken, sobald alle Karten offen liegen. Überwiegen helle oder dunkle Farbtöne? Haben viele Karten die gleiche Farbe oder nicht? Was sind deine allgemeinen Beobachtungen? Wenn du die Karten für andere Fragende deutest, frage sie nach ihren Beobachtungen und teile ihnen deine mit.

DIE KARTEN FÜR SICH SELBST LEGEN

Befreie dich von Erwartungen

Geh mit Neugierde an die Karten heran. Wenn du dein Tarot unmittelbar nach einem Ereignis wie einem Streit oder einer Trennung legst, wirst du nicht viel daraus lernen. Warte, bis du dich ruhiger fühlst und auf das hören kannst, was die Karten dir zeigen.

Gib dir Zeit

Nach dem Legen solltest du dir die Zeit geben, das durchzuarbeiten, was du erkennen konntest. Fasse einen Vorsatz auf Basis dieser Erkenntnis und handle danach. Du kannst das Problem jederzeit wieder aufgreifen, aber sieh erst, was sich verändert. Lasse mindestens eine Woche bis zur Wiederholung verstreichen, damit sich neue Einblicke in dir entwickeln können.

Kreiere ein Ritual

Viele Tarotdeutende befolgen eine kleine Routine zur Vorbereitung einer Legung. Räucherstäbchen, eine Meditation, ein beruhigendes Getränk oder entspannende Musik sind gute Mittel, um in eine besinnliche Stimmung zu kommen.

Führe Tagebuch

Wenn du dir Notizen zu deinen Legungen machst, kann dies ihre Wirkung verstärken. Schreibe oder male dir bei jeder Deutung die Karten auf, ihre Positionen und deine Antworten darauf. Wenn du rückblickend in diesem Tagebuch liest, wächst dein Zutrauen in deine Kartenlegekunst.

DIE KARTEN FÜR ANDERE LEGEN

Hör zu, ohne Rat zu geben

Zuhören ist der Schlüssel dazu, Tarot gut für andere zu deuten. Beachte beim Legen der Karten immer, dass du nicht hier bist, um Rat zu geben. Vielmehr sollst du der anderen Person beim Interpretieren der Karten helfen, damit sie ihre Situation besser versteht. Du kannst ihr helfen, Erkenntnisse zu gewinnen – was sie daraus macht, liegt allein bei ihr.

Hab gute Absichten

In den falschen Händen kann Tarot Fragende beunruhigen oder sie dazu bringen, Privates preiszugeben, was sie später bereuen. Das missbraucht die Kraft der Karten. Deutende, die Tarot einsetzen, um andere zu verletzen, anstatt ihnen zu helfen, sollte man meiden!

Halte die Dinge vertraulich

Was in einer Tarotsitzung gesagt wird, bleibt unter Verschluss! Vertrauen ist das A und O – wenn du weitererzählst, was jemand beim Kartenlegen mit dir geteilt hat, ist das ein Vertrauensbruch.

Achte auf dich selbst

Wenn du vielen Personen die Karten legst, bekommst du viele Probleme zu hören. Das kann ziemlich erschöpfen. Es ist in Ordnung, Freunden nicht die Karten zu legen, wenn du dich dem nicht gewachsen fühlst. Bewahre dir etwas von deiner Fürsorge und Weisheit für dich selbst, damit du deine Reise mit vollem Herzen und Verstand fortsetzen kannst.

DIE KARTEN DEUTEN

Wie du die Tarotkarten interpretierst, liegt ganz bei dir. Es gibt hier kein „falsch"! Wichtig ist, welche Gefühle und welche Fragen und Antworten sie in dir auslösen. Hier ist eine kleine Anleitung für den Anfang.

Nimm dir Zeit, um auf eine Karte zu reagieren, bevor du ihre Bedeutung nachschlägst. Hinterfrage, wie du auf die Farben, Symbole und Figuren reagierst. Wie fühlst du dich? Woran erinnert dich die Karte? Wenn du die Karten für andere legst, frage sie genau diese Dinge. Diskutiere sie mit ihnen und lasse sie so stark darauf reagieren, wie sie es wünschen.

Wenn du bereit bist, lies die Bedeutung der Karten nach und sieh dir deine Gefühle und Interpretationen noch mal an. Die Schlüsselwörter unter den Karten skizzieren dir die Energie, die mit der Karte verknüpft ist. Im Abschnitt Symbole und Bedeutungen (siehe S. 22–24) erfährst du mehr über die Bildsprache der Karten.

Überlege dir bei jeder Karte:

Was für eine Karte ist es? Große Arkana beziehen sich oft auf bedeutende Lebensereignisse, Kleine Arkana auf Alltagssituationen.

Welche Farbe hat die Karte? Münze-Karten thematisieren oft Haus und Geld, die Kelche eher Liebe und Beziehung.

Erinnert dich die Bedeutung oder Energie der Karte an eine Person oder Situation?

Steht die Karte für etwas, das du gern wärst oder das du loslassen musst?

Welche Aktion oder Frage ruft die Karte in dir hervor? Der Gehängte könnte zum Beispiel zu Geduld auffordern. Die Fünf der Schwerter könnte dazu anregen, eine Aktion zu hinterfragen.

Achte am Ende der Legung darauf, wie du dich (oder die fragende Person sich) fühlt. Manchmal ziehst du Karten, die scheinbar nichts mit der aktuellen Frage oder dem Problem zu tun haben – das ist in Ordnung! Eine verwirrende Karte kann darauf hindeuten, dass ihr Thema für dich im Moment nicht „lebt". Und wenn deine eigenen Gefühle bei einer Karte nicht zu den Bedeutungen in diesem Buch passen, ist das auch okay. Sie sind als Anregung und Inspiration gedacht – du kannst immer deiner eigenen Intuition folgen.

Vergiss nicht, egal, was die Karten dir zeigen: Das, was als Nächstes passiert, bestimmst du.

DIE TAROT-TAGESKARTE

Sehr beliebt ist es, sich jeden Tag, für gewöhnlich morgens, eine Tageskarte zu ziehen. Damit holst du dir die Weisheit des Tarots direkt in deinen Alltag. Diese Legemethode ist auch super dafür geeignet, jede der 78 Karten im Detail kennenzulernen.

So ziehst du deine Tageskarte:

1. Lass dich an einem ruhigen Plätzchen nieder und mische dein Deck. Dann breite die Karten verdeckt in einem Bogen vor dir aus. Frage dich: „Welche Botschaft brauche ich heute?“

2. Ziehe eine Karte. Decke sie auf. Welches Gefühl ruft das Bild in dir hervor? Diese erste Reaktion ist Teil des Kennenlernens deines Decks, aber auch Teil der Deutung.

3. Schlage die Karte hier nach. Wie denkst du jetzt darüber? Woran erinnert sie dich heute?

4. Denke darüber nach, was dir die Karte und deine Reaktion auf sie gezeigt haben. Schreibe es eventuell auf und denke tagsüber immer wieder mal daran.

Die Tageskarte ermöglicht es dir, alle Karten intensiv zu ergründen. Mach dir keinen Kopf, wenn du ein paar Tage aussetzt oder dich nicht mehr an die Bedeutung einer Karte erinnern kannst. Bleib dran, mit der Zeit entwickelst du einen Fundus an Assoziationen, auf den du zurückgreifen kannst.

DAS DREI-KARTEN-TAROT

Eine einzelne Karte erzählt dir etwas über einen bestimmten Moment, eine Stimmung oder Situation. Das ist praktisch, kann aber auch einschränken. Wenn du mehrere Karten auslegst, ergibt sich eine ganze Geschichte, die Licht auf eine Situation werfen kann.

EIN DREI-KARTEN-TAROT ist perfekt, wenn du bei einem alltäglichen Problem nicht weiterkommst. Es bringt frischen Wind in deine Gedanken und kann einen Ausweg aufzeigen. Du kannst es auf viele Situationen anwenden.

Bevor du anfängst, definierst du eine Frage oder ein Problem. Dann wählst du eine Struktur, nach der du deutest. Einige Beispiele hierfür:

- VERGANGENHEIT (Karte 1), GEGENWART (Karte 2), ZUKUNFT (Karte 3)
- PROBLEM (Karte 1), URSACHE (Karte 2), LÖSUNG (Karte 3)
- DU (Karte 1), EINE ANDERE PERSON (Karte 2), DAS KÖNNTE PASSIEREN (Karte 3)
- ZIEL (Karte 1), HINDERNIS (Karte 2), AKTION (Karte 3)

Mische und ziehe die Karten. Dann interpretiere sie der Reihe nach. Welches Gefühl hast du bei jeder einzelnen? Wie passt sie in die Struktur des Legesystems? Das ist nicht immer gleich klar, also geh in die Tiefe. Wenn du zum Beispiel eine Karte ziehst, die Vergangenheit symbolisiert: Erinnert sie dich an eine Person oder Situation in den vergangenen Monaten? Hast du früher die Energie dieser Karte verkörpert? Oder ist es das Gegenteil – weist sie auf etwas hin, das dir früher fehlte? Achte darauf, was davon bei dir anklingt.

Welche Geschichte erzählen die Karten, wenn alle drei aufgedeckt sind? Und was machst du jetzt daraus?

DAS KELTISCHE KREUZ

Dieses Zehn-Karten-Tarot ist perfekt, wenn du eine intensive Deutung durchführen willst, für dich oder für andere Personen. Verwende dieses Legesystem, um ein spezifisches Thema zu vertiefen, beispielsweise: *„Was soll ich [in einer bestimmten Situation] tun?"*

1. Das, was dich betrifft – du und deine Situation
2. Das, was dich kreuzt – ein Hindernis auf deinem Weg
3. Ein bewusster Gedanke – was dir durch den Kopf geht
4. Die Vergangenheit – was dich hierhergebracht hat
5. Die Grundursache – die unerforschte Wurzel deines Dilemmas
6. Die Zukunft – neue Umstände, die auftauchen werden
7. Du und deine Rolle – dein aktueller Geisteszustand
8. Das, was dich umgibt – dein Umfeld, das heißt die Menschen um dich herum und wo du deine Zeit verbringst
9. Hoffnungen und Ängste – können auch Hoffnungen oder Ängste sein
10. Das Ergebnis – wohin die Situation dich führt

Mische die Karten, während du über dein Dilemma nachdenkst. Wenn du die Karten für andere legst, ermuntere die Person zu mischen und dabei ihr Dilemma mit dir durchzusprechen.

Lege die Karten fächerförmig verdeckt ab. Dann ziehe zehn Karten (oder lasse sie ziehen). Ordne sie verdeckt nach dem System auf der gegenüberliegenden Seite an.

Deck nun die Karte auf Position 1 auf. Wenn du für andere legst, erkläre der/dem Fragenden die Karte. Frage nach ihren Gedanken und höre dir die Antworten an. Wenn du die Karten für dich selbst legst, kläre deine eigenen Gedanken und Gefühle.

Betrachte wie beim Drei-Karten-Tarot die Karte in Bezug auf ihre Position im System. Denk an deine erste Reaktion, schlag die Bedeutung der Karte nach und berücksichtige, wo sie im Legesystem auftauchte. Interpretiere dann, wie sie mit deiner Situation in Zusammenhang steht.

Wiederhole dies für alle zehn Karten. Denk über die Geschichte nach, die sie zusammen erzählen. Wie geht es dir oder der/dem Fragenden damit? Die Deutung eines Keltischen Kreuzes kann bis zu einer Stunde dauern.

JENSEITS DIESES BUCHES

Du hast dich auf eine Entdeckungsreise begeben – und selbst wenn dieses Buch hier endet, geht die Reise weiter. Du weißt nun vieles, das dir bei der Erforschung des Tarots, für dich selbst und andere, weiterhelfen wird. Such dir Gleichgesinnte und lerne mit ihnen, während ihr euch in der Kunst übt, diese wunderbaren Karten zu legen.

Das, was du jetzt über das Tarot weißt, kann dir dein ganzes Leben lang Klarheit, Einsicht und Weisheit bringen. Du wirst alles erleben, was das Leben bieten kann: Liebe, Verlust und alles dazwischen. Vergiss dabei nicht: Die Karten sind immer da, wenn du sie brauchst.